破解育儿密码

顺利度过3~6岁成长关键期

殷晓莉 著

Uncover the Secrets
of Parenting

电子工业出版社
Publishing House of Electronics Industry
北京·BEIJING

图书在版编目（CIP）数据

破解育儿密码：顺利度过3～6岁成长关键期/殷晓莉著. —北京：电子工业出版社，2021.7
ISBN 978-7-121-41416-9

Ⅰ. ①破…　Ⅱ. ①殷…　Ⅲ. ①儿童教育－家庭教育　Ⅳ. ①G781
中国版本图书馆CIP数据核字（2021）第120035号

责任编辑：张　冉
印　　刷：三河市鑫金马印装有限公司
装　　订：三河市鑫金马印装有限公司
出版发行：电子工业出版社
　　　　　北京市海淀区万寿路173信箱　　邮编：100036
开　　本：880×1230　1/32　印张：6.75　字数：148千字
版　　次：2021年7月第1版
印　　次：2021年7月第1次印刷
定　　价：42.00元

凡所购买电子工业出版社图书有缺损问题，请向购买书店调换。若书店售缺，请与本社发行部联系，联系及邮购电话：（010）88254888，88258888。

质量投诉请发邮件至zlts@phei.com.cn，盗版侵权举报请发邮件至dbqq@phei.com.cn。

本书咨询联系方式：（010）88254439，zhangran@phei.com.cn，微信号：yingxianglibook。

做父母是一件很自然的事，又是一件很不容易的事。作为一位父亲，从孩子呱呱坠地、蹒跚学步到能和我打闹、游戏，我也经历了大多数父母都经历过的快乐和烦恼。我的孩子现在8岁了，在陪伴孩子成长的过程中，我遇到了一系列的育儿问题，例如如何培养孩子的兴趣爱好、怎样和孩子沟通、如何培养孩子的安全意识等。面对这些问题，我也在不断地思考和摸索。相信当您第一次做父母后，也会有我这样的疑问："我这样做对不对？好不好？""我该怎么做？""孩子会不会受到伤害？""怎样做对孩子才是最好的？"做父母就是带着疑问，和孩子一起成长。当然，我有时候也会去查找资料寻求答案。有时也许没有答案，但我相信，他人的经验可以作为借鉴和参考。

我是一位工作很忙碌的爸爸，有了孩子后，我开始在规划时间时刻意保留和孩子在一起的时间。尽量安排在周一到周五出差，即使周末出差，我也争取当天回来。我知道我做得并不完美，但是我所学的心理学知识告诉我，孩子的成长是一个不可逆的过程，作为父母，只能珍惜当下。

殷晓莉老师是两个孩子的妈妈，她的大女儿快14岁了，小女儿快7岁了。她在中科院心理研究所心理健康应用中心工作，主要负责课程的研发。殷晓莉老师带领团队研发和设计了"提升青少年积极心理品质"的系列课程。可喜的是，已经有两门课程

（《积极乐观》和《心理韧性》）在北京市朝阳区的220所中小学进行了为期一年的实验性教学和为期三年的全面推广，第三门课程《坚毅》目前正在进行实验性教学，课程有效提升了孩子们积极乐观和心理韧性这两个积极心理品质，尤其是疫情期间，在心理健康水平和积极心理品质的提升方面，在网上参与课程的学生显著好于没有参与的学生，上课多的学生优于上课少的学生。

殷晓莉老师在育儿过程中积累了自己的经验，例如二孩家庭中，两个孩子的情绪如何调节？她的大女儿十分独立自主，在其他父母都接送孩子上下学的情况下，她在小学高年级阶段就可以自己独立上下学，从上学的第一天开始就没有让父母帮忙整理过书包，作业也从来不用父母检查，而且她的学习成绩一直很优秀，还学了围棋和书法。小女儿独立性也很强，已经上小学，课余学习芭蕾舞。

基于以上，我推荐殷晓莉老师的这本针对3～6岁儿童成长关键期的亲子教育作品，希望父母能够从中受到科学育儿观念的启迪，收获切实可行的育儿方法，能够和你的孩子共同成长。

王詠

中科院心理所教授、博士生导师、

心理健康应用中心主任

2021年5月

亲爱的读者，当你打开这本书的时候，你将看到一位有两个女儿的母亲所分享的她在育儿过程中的酸甜苦辣。虽然这位母亲是一名从事儿童心理学研究20多年的学者，但是她也是在培养孩子的路上体验着快乐和痛苦的母亲。知识和理论对孩子的养育有什么作用？作为一位母亲的我，可以告诉大家，事实的真相是"有作用"，就看父母如何运用。当你的孩子在幼儿园门口大哭大闹，不肯进入幼儿园的时候；当你的孩子发怒，挥舞着她原本可爱的小拳头打你的时候；当你的孩子无论如何也不肯与他人分享她的玩具的时候；当你看着原来沉睡中那么可爱的孩子，在瞬间变成最讨厌的"魔鬼"的时候，会让学习儿童心理学、从事儿童心理学甚至从事儿童积极心理品质提升的所谓的"专家"都开始怀疑人生了。可是生活还是要继续，孩子还是自己最亲密的人，父母不可能将这份最原始的亲情割舍掉。真实地说，多年的知识储备可以让我做到的是反思的速度和能力略有提高。因此，我希望告诉天下所有的父母：在育儿这条道路上，没有任何理论知识可以直接套用，也没有任何人的经验可以直接运用，孩子是不一样的，我们要做的是不断地自我修行。

推出这本书是基于自己的养育经验和多年的知识储备，希望能带给父母一份战胜自己的勇气。我在咨询中见过太多父母的眼泪，听过太多父母的问题："我该怎么办？"其实，我可以告诉亲爱的父母：没有人知道答案。如果说有，那么这个答案也在你和孩子身上。怎样才能在自己和孩子身上找到解决问题的方法？其实这个方法就是你曾经相对较好地处理问题的方式。举个简单的例子，当你的孩子有拖延行为的时候，你可能很痛苦，希望有个方法可以帮助你处理这个问题。本书也好，其他人的经验也好，给你的作用可能仅是：知道了现实中很多父母都会遇到这个问题；开阔了你的视野，知道了有很多方法可以处理这个问题。但是你采用这些方法的时候可能并不管用，或者效果没有那么明显，这也是很正常的现象。因为这些方法是别人总结出来的，不是你自己习惯使用的，适合你的孩子的。其实，最终对你有效的方法可能正是你自己还没有发现的方法，我将这些方法喻为"密码"。

为了让你对本书的结构和内容有一个概括性的了解，在此，简单介绍一下本书的主要内容。本书一共分为十个主题，即十个"密码"，每一个"密码"都涉及一个育儿过程中的常见问题；在问题呈现之后，我将从心理学的角度介绍相关的研究，包括实验等，以给父母一个科学的视角；介绍完心理学的研究之后，汇总一些针对该问题的方法，希望通过这些方法给家长朋友们一些启迪，从而帮助父母结合自己孩子的实际情况来考虑自己的方法。

密码一针对孩子刚刚进入幼儿园的时候所产生的分离焦

虑，介绍了心理学中关于依恋的研究，在此基础上介绍一些结合实际经验的应对方法。

密码二是关于亲子沟通方法的，主要介绍了在心理教育学实践中总结的研究，建议父母在与孩子沟通的时候，减少语言上的暴力，做到爱和尊重。

密码三是关于坚持兴趣爱好方面的，主要介绍心理学中对坚毅这种积极心理品质的研究，提倡一些科学的方法，以培养孩子坚毅的品质。

密码四是关于孩子害羞情绪的，介绍了心理学中关于害羞的研究，建议父母理解孩子的害羞情绪，让孩子多练习，通过引导孩子帮助他人等方法来帮助孩子战胜害羞情绪，自信地表达自己。

密码五是关于孩子情绪管理的，介绍了心理学中对情绪的研究，从而建议父母积极看待孩子的负面情绪，例如生气、嫉妒等，引导父母注意到孩子的每一次情绪失控，其实都是孩子的一次成长契机，父母可以借此机会帮助孩子成长。

密码六是关于孩子拖延行为的，介绍心理学关于拖延的研究，揭示拖延的本质是孩子希望实现自主性发展控制，引导父母创造让孩子自由选择的空间，激发孩子的内部动机，从而克服拖延。

密码七是关于如何对低幼龄儿童进行性教育问题的。儿童年龄较小，但是他们在成长的过程中又会出现一些关于性的问题，例如"我是从哪里来的？""妈妈怎么才能生小宝宝？"，等等。面对这些问题，我们可以把握好孩子自发产生问题的时机，趁机来教育孩子。

密码八是关于提高孩子安全意识的，科学地给孩子传递生活中发生的安全事件信息，既提高孩子的安全意识和自我保护的能力，同时又不会形成过度的恐惧心理。

密码九是关于如何科学合理地看待孩子成绩的。通过揭示心理学上社会比较的理论引导父母科学比较自己孩子与"别人家的孩子"，既给孩子正面的鼓励，又给孩子树立基本的自信心。

密码十是关于如何处理孩子的低落情绪问题的。这个问题从另外一个角度来说就是如何培养积极乐观的孩子，让孩子形成积极乐观的品质。

以上就是本书的主要内容，你可以用喜欢的方式来阅读，比如顺序阅读或选择需要解读的某一方面的问题来阅读。每天，我都在两个孩子的身上体验着快乐和痛苦，为人父母不容易，希望天下的父母都能够携手并进，与孩子一起成长。

殷晓莉

中科院心理所铭贵楼

2021年5月

目 录
Contents

序 / iii

自序 / v

密码一 让孩子开心上幼儿园 / 001

和父母分离如此痛苦 / 002

分离痛苦的心理学探析 / 007

孩子开心上幼儿园的良方 / 017

密码二 良好的亲子沟通 / 026

孩子不听话的苦恼 / 027

希望孩子听话，是因为我们有"希望孩子听话"这个前提 / 032

应对孩子不听话的良方 / 036

让孩子合作的步骤 / 042

密码三 对兴趣的坚持 / 052

孩子对课外班的"爱恨情仇" / 053

父母让孩子上兴趣班是为了谁 / 056

向游戏学习方法 / 063

坚毅的积极心理品质是坚持兴趣爱好的保证 / 067

目 录
C o n t e n t s

让孩子在培养兴趣爱好时，跳起来可以摘到苹果 / 071

密码四　克服害羞有妙招 / 077

孩子害羞的行为表现 / 078

孩子害羞的心理状态 / 082

害羞的作用 / 088

让孩子拥抱害羞，勇敢表达 / 091

密码五　情绪管理有良策 / 097

父母的表率作用 / 098

良好的情绪管理对孩子的成长十分有益 / 101

父母管理的风格塑造孩子情绪的类型 / 104

情绪管理型父母的操作步骤 / 110

密码六　告别拖延，让孩子"高效"起来 / 115

拖延带来的困扰 / 116

拖延的心理 / 120

告别拖延的良方 / 129

目 录
Contents

密码七　儿童性教育巧引导 / 136

一个父母羞于与孩子沟通的话题 / 137

孩子了解性知识的途径 / 140

父母与孩子沟通"性"的前提条件 / 144

不同年龄段的性教育内容不同 / 147

在爱的原则上沟通"性"的话题 / 153

密码八　安全意识很重要 / 155

错误传递安全事件会导致孩子过度焦虑和紧张 / 156

父母共同关心的问题——孩子的安全 / 160

恐惧的心理本质 / 162

恐惧感的传递——暗示的作用 / 165

正确传递安全事件，让孩子树立科学的安全意识 / 167

密码九　正确看待孩子的表现 / 171

父母都很关心孩子的表现 / 172

父母应正确地和孩子沟通成绩 / 176

引导孩子学习积极归因方法 / 183

正确看待自己、接纳自己的同时进行自我激励 / 186

目 录
Contents

密码十 培养积极乐观的孩子 / 188

情绪低落是常见的情绪之一 / 189

孩子也会情绪低落 / 192

孩子情绪低落的表现 / 193

导致孩子情绪低落的原因 / 194

如何干预孩子的低落情绪 / 198

后记 / 201

密码一

让孩子开心上幼儿园

和父母分离如此痛苦

幼儿园门前的"生离死别"

9月初的时候，我们总是会在幼儿园门口看到一些非常有意思的现象，很多刚刚入园的孩子在幼儿园哭闹，不愿意进去，而在一旁的父母或者爷爷奶奶也是泪汪汪地看着他们，仿佛"生离死别"一般。在一些新闻报道里也常提到，幼儿园开学的第一天，园外拿着望远镜的奶奶们成了"网红"。其实这种现象不仅限于国内，我就亲眼见过在美国的小学生入学的第一天，一位一米八高的爸爸，眼泪汪汪地和他的孩子告别，等孩子进入学校后，他竟然大哭不止，当时给了我极大的震惊。可见，因孩子上幼儿园、上学导致的分离焦虑是一种普遍存在的现象。

让我们一起来想象如下画面：

妈妈领着孩子到幼儿园门口。

妈妈："宝贝，到幼儿园了，快点儿进去吧！"

孩子拽着妈妈的手往回拉，不肯进去，说："我不想去幼儿园！"

妈妈对孩子说："去幼儿园多好啊，有老师教你做游戏，还有很多小伙伴陪你一起玩。"

孩子求妈妈："不，我想妈妈……"

妈妈："你放学我就来接你，妈妈上班就要迟到了，快进去吧！"

孩子大哭。

妈妈变脸："你怎么不听话呢，妈妈要生气了，快进去！"

妈妈把孩子一把推进幼儿园的大门，转身就走，孩子紧跟着跑出来。

妈妈生气了，强行把孩子推进幼儿园，扭头离去……

以上"画面"中的妈妈和我说，今天是孩子去幼儿园的第三天。第一天早上，孩子懵懵懂懂地进了幼儿园，还不知道怎么回事。第二天，孩子就有了一些抵触情绪。到了第三天的早上，他就抱着妈妈说："我不去了。"这位妈妈是一位职业女性，当孩子哭闹着不愿意上幼儿园的时候，她非常烦恼。一开始，她也尝试着哄孩子，可是哄了半天也没有效果，越哄孩子越闹，越不愿意上幼儿园。最后这位妈妈告诉我，她的20分钟极限时间到了，所以她就生气了，踢了孩子一脚，强行把孩子送进幼儿园。与此同时，她身边的丈夫还为此跟她发生了争执，批评这位妈妈："为什么要踢孩子？不能控制自己的情绪，让孩子好好地去上幼儿园吗？"她说："我实在不知道该怎么办了，我也不愿意踢孩子，孩子不愿意上幼儿园，这么哭闹，我怎么处理呢？"

孩子不愿意上幼儿园的情况一般有以下几种。

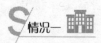 情况一

9月份第一次去幼儿园，孩子属于新生，从第一天就不愿意上幼儿园。

和妈妈分离带给孩子
焦虑的情绪

情况二

开始的一两天还很好，渐渐开始不愿意上幼儿园了。甚至有的孩子到了第二周才开始出现哭闹、不愿意上幼儿园的情况。

情况三

原来上幼儿园上得很好的孩子因为放长假或者请病假、事假间断一段时间后，就不愿意上幼儿园了。

当孩子因不愿意上幼儿园而哭闹的时候，他们自己的情绪很糟糕，父母的心情也很不好，一方面焦虑和烦恼，另一方面很担心孩子在幼儿园的情况，而且对孩子哭闹的原因有多种猜测。幼儿园老师对这类上幼儿园哭闹的孩子也很头痛，当然，老师很有经验，有各种方法，但是这样的孩子多了，就会给老师带来额外的工作量，老师们的心情也会受到一定的影响。所以，孩子不愿意上幼儿园，会给孩子、父母和老师都造成不同程度的影响，给各方带来焦虑、烦躁的情绪。

分离痛苦的心理学探析

分离的时候，焦虑是一种主要情绪

孩子不愿意上幼儿园引起的主要情绪就是焦虑。我们看到很多父母对孩子上幼儿园这件事情本身就有各种各样的焦虑和担心，例如担心孩子上幼儿园后会不会吃得好？会不会睡得好？有没有老师喜欢他？其他小朋友是不是喜欢他？孩子会不会被人欺负？等等。父母有这种担心是很正常的，甚至在孩子还没有表现出不愿意上幼儿园之前，父母就开始有先入为主的焦虑了。

孩子的焦虑来自离开了自己熟悉的人和环境，对新环境的担心和不适应。所以，前文的情况一，即孩子从一开始就不愿意上幼儿园是很正常的，而且大部分孩子都是这样的。

依恋是建构儿童安全感
的基础

应对情况一中所产生的哭闹，需要让孩子多适应，例如让孩子熟悉物理环境（幼儿园的教室、活动场地等）和软环境（同学、教师、园长等）。

情况二，开始几天很好，过了几天才开始哭闹的孩子，原因可能是刚开始上幼儿园的新鲜刺激的吸引力大于陌生感，而且最初的几天，幼儿园的老师管理上也会比较宽松，一旦进入正常的教学环节，要求就会严格起来。进入常规教学后，孩子就开始觉得拘束，不如家里自由自在。所以这种有稍微滞后反应的孩子也会占一部分的比例，而且往往在胆子比较大、性格开朗的孩子中更容易出现。

情况三中，在孩子长时间不上幼儿园之后，例如寒假、暑假或者长时间的病假。这是类似于情况一中的生疏感造成的，而且自由散漫和严格有序的生活规律之间的矛盾冲突造成了孩子希望在自己的心理和生理的舒适区长期待下去，拒绝改变和调整。

孩子不愿意上幼儿园的背后到底有什么心理原因？它背后有什么样的心理学理论？让我们一起来探讨。

本质上，当孩子上幼儿园的时候，这是孩子完全独立地成为一个社会人、从家庭走向社会的第一次尝试。在这个时期我们可以看到，焦虑情绪伴随着孩子，同时也伴随着父母。父母和孩子的焦虑可能是一样的，甚至有时候父母比孩子更焦虑。那么焦虑是怎样产生的？在我看来，其实焦虑来自对未来的不确定性。这里有两个关键点：第一个关键点是指向未来的。从时间上来说，它指向未来。第二个关键点是未来的事情不确定，所以我们才感到焦虑。可以想象一下，明天就要高考了，所以今天感到焦虑。这件事情还没有发生，是即将要发生的，同时我们不知道自己是否能考上大学，也不知道自己能不能考上好的大学，所以就感到焦虑。

如果我知道自己一定考不上大学，我就不焦虑了；或者我知道自己一定能考上大学，也不焦虑了。因为还没有发生，而且对结果不确定，所以我们产生了焦虑，而且这件事情越重要，焦虑的程度就越高。

从孩子的视角来看，他对幼儿园是陌生的，不知道会在幼儿园发生什么样的事情，所以才会焦虑。而父母也不能确定孩子每天在幼儿园的这段时间会发生什么，所以父母也会焦虑。在关于儿童发展的研究中将这种焦虑（特指在亲子关系中）称为分离焦虑。儿童和父母的分离焦虑严重与否取决于这个孩子与父母建立起来的依恋类型。

关于依恋类型，我们大体可以分为三种：安全型依恋、矛盾型依恋和回避型依恋。

类型一

安全型依恋。经典的心理学实验是这样做的：一位妈妈带着1岁半左右的小朋友来到一个房间，这个房间有陌生人，也有陌生或者新鲜的玩具。如果这个孩子属于安全型依恋，他会以妈妈为"根据地"，围绕着妈妈向四周探索这些玩具，也会跟陌生人进行交流。这个妈妈待了一段时间以后，离开这个房间，这个孩子会出现分离焦虑，虽然会哭闹。但是他也会慢慢接受陌生人对他的安慰，他也会尝试着慢慢去适应这个环境。等到妈妈回到这个房间，他会很高兴地和妈妈团聚，接着继续进行探索，包括玩具和陌生人。如果你的孩子属于这种类型，那你很幸运，这样的孩子在度过刚入幼儿园的这段时间时，会比较顺利。研究中发现：这类孩子占所有孩子的比例是50%~60%。

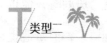

类型二

矛盾型依恋。属于这种类型的孩子会有什么表现？妈妈带着他来到这个房间的时候，他可能会去探索一下，但他不是很愿意去探索新的玩具和接受陌生人的互动。当妈妈离开房间的时候，他的情绪会非常激动，会又哭又闹，很难安抚，也不接受陌生人的安慰。当妈妈回来的时候，他又会非常矛盾，他会责备妈妈，严重的时候，甚至会对妈妈又打又咬。这个时候，好像他要责怪妈妈：为什么你要离开我？所以这是焦虑矛盾的一类孩子。这类孩子占所有孩子的比重为

20% ~ 30%。如果你的孩子属于这个类型，他上幼儿园的时候，就要特别注意了，孩子的情绪可能比较难以平复，哭闹得很厉害，而且哭闹的时间会持续很久，情况严重的，上幼儿园两三个月之后还会是这样。

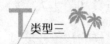

类型三

回避型依恋。属于这种类型的孩子所占比重不到10%。这类孩子会是什么样呢？他妈妈带着他来这个房间的时候，他跟妈妈也没有什么互动，当他妈妈离开这个房间时，他也没有什么反应，不哭也不闹，也不表达这种情绪，但是他也不会找陌生人玩，不会跟别人发生互动。当妈妈回来时，他也好像无所谓，仿佛是："我也不管，你回来就回来，你走就走。"这类孩子显得非常冷漠。这种冷漠型的孩子看上去好像还不错，至少上幼儿园没有什么问题，也不会哭闹。但是如果你的孩子是这种情况，你也要注意了，你面临的问题可能更加严重，需要做的工作可能更加繁重。

所以，不是孩子上幼儿园不哭不闹就好，适当地表达分离焦虑是正常的。

那么这三种类型的分离焦虑，又是怎样形成的呢？这与母亲或者和照顾他的第一养护人有很大关系。

类型一

安全型孩子。一般，妈妈对孩子的需求是及时满足的，尤其是0～1岁的时候。0～1岁是孩子安全感形成的关键时期，及时满足孩子的需求，能让孩子感到世界是安全可靠的。比如他饿了、他渴了、他尿了，他就哭，妈妈能够很快地从哭声中分辨出他的需要，及时给他满足，及时给他食物、水，或者换上尿布。所以这个孩子觉得，这个世界是安全可靠的，"我是可以相信这个世界的"，他感到很安全，即使暂时离开妈妈也没有关系。而且他的客体永久性（后面详细解释）到了3岁入园的时候，基本上就建立了。他会知道：我即使今天白天看不到我的妈妈和爸爸，但是到他们下班的时候，我是可以看到他们的，或者是我放学的时候，是可以看到他们的。这样的孩子在刚上幼儿园的阶段就会过渡得比较好，孩子的分离焦虑也就没有那么严重。

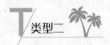

类型二

矛盾型孩子。这类孩子又是怎样形成这种依恋关系的呢？其实这与母亲或者第一养护人有很大的关系。孩子的第一养护人没有及时去满足孩子的需要，特别是在0～1岁的时候。这种类型孩子的妈妈以自己为中心，或者是第一养护人以自己为中心。妈妈（或者第一养护人）的需要为第一需要。举个简单的例子，比如妈妈现在正在打扫卫生，孩子哭了，他可能是饿了或者尿了。妈妈也知道他可能是饿了或者尿了，但是妈妈不是放下手头上的活，而是一定要把卫生打扫完，干完自己的事情之后，妈妈再去满足孩子。这样的孩子就会形成这种矛盾心理，因为父母不以他的需要为第一需要。所以说0～1岁是建立儿童安全心理的关键期，在2岁之前，孩子无论被怎样宠爱都是可以的，当然2岁（甚至1岁半左右）时就是要建立规则的时候了。

类型三

回避型孩子。这类孩子在占所有孩子的比重上来说，其实是出现比较少的。因为第一养护人（妈妈或者是第一养护的奶奶或者姥姥）基本上不会关注孩子的需要，我们也见过这样的案例。一位妈妈非常严格地按照时间、工艺流程去养育孩子。她做了什么样的喂奶计划呢？在孩子0～1岁的时候每天凌晨2点，一定就是喂奶的时间。不管孩子当时醒着还是睡着，只要闹钟一响，她肯定把这个小孩叫醒，也不管他饿不饿，一定要让孩子吃奶。这个孩子会怎么样呢？他会变得很服从妈妈的这种安排，久而久之孩子也养成了每天凌晨2点吃奶的习惯。所以她的孩子每天凌晨2点必须起来吃奶。所以这样的孩子，他会比较冷漠。

这是我们经常见到的三种依恋类型。从这三种依恋类型可以观察到，在幼儿园入园的时候会出现三种不同的分离类型。不同依恋类型带来的分离焦虑是不一样的，所以这就是在行为表现上为什么有的孩子处理得好，有的孩子处理得不好的原因。

我们现在来看，如果我们的孩子在入幼儿园的时候，他觉得这是个新环境，于是多多少少有种分离的焦虑，有哭闹的行为，那么父母该怎么办呢？

看见即存在，不见即消失——客体永久性

从心理学的角度看，这种分离焦虑实际上与孩子的客体永久性有关系。客体永久性是皮亚杰（著名的儿童心理学家）在研究儿童心理发展的时候发现的一个规律。比如在这样的一个实验里，实验对象是1岁左右的孩子，给他一个新的玩具让他玩一会儿，然后用一块布把这个玩具盖住。这个时候，这个孩子会有什么样的反应呢？他可能会哭闹，也不会掀开布去寻找这个玩具，在他的直觉世界里，他觉得这个东西消失了。在这个年龄阶段的孩子，还没有形成客观物体是永久存在的，客观物体不会因为你看不到它就消失不见的观念。所以小朋友去上幼儿园的时候，他看不见爸爸妈妈了，他可能觉得爸爸妈妈是不是就消失了？不存在了？这可能也是引起孩子焦虑的一个原因，尤其是年龄越小的孩子越容易出现这种焦虑。

孩子开心上幼儿园的良方

 方法一

　　首先父母自己要知道，孩子上幼儿园是一个很好的事情，父母自己要端正认识，不要过分地焦虑和担心。孩子在幼儿园会不会吃得饱？孩子在幼儿园会不会睡得好？孩子在幼儿园会不会有人喜欢他？到了3岁这个年龄阶段，儿童对社会交往的需要是必不可少的，而满足社会交往的需要，最好的就是同伴。所以父母没办法用别的玩具、别的方法代替孩子在幼儿园里获得的东西。因为在幼儿园里有很多小朋友，那就是孩子最好的玩伴，也就是他最好的"玩具"。

育儿智慧板　　　　进入3岁年龄阶段的孩子，社会交往越发重要，有小伙伴在身边是对这个需求最好的满足，他们无可替代，是孩子们最好的"玩具"。

这也是儿童从一个个体人、从家庭里走出去，学会跟社会上的人打交道的第一步。我们常说，人类不是独居的动物，而是社会性的动物。进入幼儿园是孩子开始慢慢社会化的第一步，这是件好事。我们不要过分地担忧，如果父母自己很担忧，那么就会把这种担忧传递给孩子。

例如，我们有这样的孩子，他其实不知道幼儿园是什么样的。对于孩子来说，幼儿园是个空白。但是父母会说："你还不好好吃饭啊？你不好好吃饭，怎么上幼儿园？在幼儿园里你必须自己吃饭，因为幼儿园没有人会喂你吃饭的。"结果这个小朋友在父母这样的说教环境下就开始形成了对幼儿园的焦虑。

妈妈："你怎么不好好吃饭！"

孩子："要妈妈喂！"

妈妈生气地冲着孩子："不行，自己吃，幼儿园可没人喂你！"

孩子一脸的无辜和痛苦。

案例里的这个小朋友，听到妈妈的话以后，就会对在幼儿园吃饭非常恐惧。孩子可能就想："那怎么办啊？我到幼儿园，如果没有人喂我吃饭怎么办呢？"所以这个孩子就会很害怕去幼儿园，而且他在家里的时候，甚至出现了倒退的行为，他明明可以自己吃饭，但他会说："妈妈，你就要喂我，我就是想让你们喂我。"这个孩子在行为上出现了倒退，好像是说："有人喂饭是我的一个特权，我不能放弃它。"其实他已经可以完全独立地自己吃饭了，但他就要求父母喂。这是我经历的一个案例。父母把这种焦虑传递给孩子，孩子是很担心和害怕的。

方法二

父母在送孩子到幼儿园的时候，最好与幼儿园的老师有一个交接。当父母和老师之间有一个良好的交流时，就等于告诉孩子："老师是可靠的，我们也很信任老师，我把你暂时交给老师去看护，是很好的。"孩子看到父母与老师关系很好，孩子也会信任老师。

方法三

可能有的时候孩子还是有分离焦虑的感受，我们可以蹲到和孩子一样的高度，去拥抱他。此外，我们还可以给他一个仪式化的告别，这一点也很重要。怎样才是仪式化的告别呢？我们最好是独特的，和别的小朋友不一样。比如，你可以在孩子头上画个圈，当然让孩子自己想一个仪式也行。这样你们的亲子之间会有一个默契。父母甚至可以用自己的手，在孩子的胸前画一个心，这也代表你们的告别仪式。我见过孩子对妈妈说："在幼儿园里，我想你了怎么办？"妈妈在宝宝的额头上亲吻了一下，说："你可以摸一摸这个吻！妈妈和你在一起！"宝宝又说："可是这个吻掉了怎么办？"妈妈觉得很好笑，同时说明了孩子还是很焦虑，妈妈这个时候可以很肯定地告诉宝宝："这个吻可以保存整整一天，等你吃完晚饭，妈妈就来接你了。妈妈现在亲三下，有三个吻就更加不会掉了。"孩子这个时候走进幼儿园就能安心得多。

方法四

父母需要站在孩子的角度告诉孩子，什么时间你们可以再相见。虽然3岁的孩子一般都建立了客体永久性，但还是需要父母告诉孩子，你们会在孩子做完课外活动或者吃完晚饭后来接他。那么不要告诉他什么呢？不要告诉他："我下班以后会来接你。"因为孩子对"下班"这种词汇是没有概念的。他不知道什么叫上班，什么叫下班，所以他会觉得很懵，还是不知道你什么时候会去接他。但是父母可以根据孩子的生活规律和学校的安排来告诉他"宝宝你吃完晚饭以后，大概5点多钟的时候，我就会来接你了。"这样他有一个期待，也会知道自己是安全的。

方法五

关于负面信息、负面事件，学会与孩子沟通。尤其是家中有隔代的长辈，父母要跟爷爷奶奶讲清楚。因为有些隔代长辈非常关心孩子，担心孩子在幼儿园里的安全，但是又不知道该怎么表达。再加上被媒体曝光的一些骇人听闻的事件，如有的幼儿园老师用针扎小孩；有小孩被遗忘在校车里，严重的甚至憋死了。这些事件让父母非常担心，尤其是隔代长辈会更担心，但他们又不知道怎么表达，于是就直接去告诉这个孩子："你如果坐校车，一定要跟着大家下去，不要一个人留在里面，留在里面很危险，有的小朋友被憋死了。"其实老人这样对孩子说话，传递的是一种恐惧的情绪，孩子就会很害怕坐校车。或者他很害怕老师，他会想，老师是不是很凶？会不会用针来扎自己？从心理学来看，这不是一个合适的方法。

有的父母可能会问，应该用什么方法告诉孩子，要注意这些校园安全问题？我们应该告诉孩子的是如何处理这些危险情况，用一些操作性的方法来处理这些危险，而不是去吓唬他，传递恐惧的情绪。

比如可以这样对孩子说："如果你是一个人坐校车，万一你留在了这个车上，司机叔叔下车了，你在这个时候该怎么办？"父母可以带着孩子去校车上看哪一块玻璃是可以打碎的，击打玻璃的小锤子放在哪里。你甚至可以教他，怎样把小锤子取下来，怎样去砸玻璃，告诉孩子具体可操作的逃生方法和技能。又比如说有老师体罚孩子，或者惩罚孩子，父母要告诉孩子怎样应对。比如老师批评了孩子，孩子可以怎样去处理，或者说孩子自己的身体由他自己做主，不能让老师随意触碰，如果发生了这种事情，孩子也应该和父母说。

方法六

可以让孩子把一个他最喜欢的玩具带到幼儿园里去，以便有一个可以陪伴他的物品。如果孩子想念爸爸妈妈了，可以看看、摸摸，或抱抱这个玩具。当然，许多幼儿园有自己的规定，例如不能私自带玩具或者食品到幼儿园等，这个时候就需要父母与幼儿园的老师进行沟通，尽量取得幼儿园的配合和支持。

方法七

为了缓解这种分离焦虑，缓解孩子入园的不适，我们还可以做一些游戏帮助孩子顺利地度过入园初期。父母可以和孩子一起做一些简单的亲子游戏，例如捉迷藏。这个游戏看起来非常简单，但是有利于孩子适应入园。因为捉迷藏是一个客体分开的过程。比如父母躲起来了，孩子暂时是看不到父母的，然后父母尽量地把时间延长一点，让孩子知道即使他有很长时间看不到父母，父母还是会出现的。父母和孩子还可以一起做"幼儿园的一天"的游戏，彼此相互转换角色，目的是让孩子了解在幼儿园的一天会发生什么事情，老师会干什么，小朋友们会干什么。同时，即使孩子已经上了幼儿园，这个游戏也可以复现幼儿园的场景，让父母了解孩子在幼儿园做了什么事情。

还可以利用绘本阅读的方式缓解分离焦虑。现在绘本有很多种，父母可以选择一些幼儿园场景的绘本。比如有的绘本描绘了幼儿园的一天是怎样的，包括小朋友如何与父母告别、怎么样吃早餐、吃完早餐以后有什么样的活动、哪些区域可以活动；然后户外会做什么样的游戏、什么时候吃午餐、什么时候睡午觉、睡了午觉以后又吃什么样的下午点心、吃完点心后又上什么课；最后可能是有关吃完饭后父母来接他的事情。在这个过程中，我们可以用一些手偶、小玩具，把在幼儿园的生活进行模拟复现。父母可以给他做，也可以让其他小朋友一起来做，并进行角色的分配。比如孩子可以当老师，也可以当学生，还可以当爸爸妈妈。这样他就可以从多角度知道他在幼儿园究竟会经历一些什么事情，也会缓解孩子的一些不适感，因为人类对越熟悉的东西就越不会感到焦虑。

　　以上这些亲子游戏可以帮助孩子顺利入园。同时，希望各位小朋友都能非常顺利地适应幼儿园的生活，成为一个快乐健康的好孩子。

密码二
良好的亲子沟通

孩子不听话的苦恼

在北京，我们做过一个有关父母的随机调查，我们一共调查了112位父母，询问父母的问题是："孩子的哪种行为令你最生气？"其中选择"孩子不听话"的父母有46位，占全部被调查人数的41%。很显然，很多父母苦恼于孩子不听话。那么孩子为什么不听话呢？我们来看看下面几个具体场景。

 场景一

家中，在孩子写作业的书桌旁，孩子与妈妈围绕作业谈话。

妈妈看着作业，皱着眉头："怎么作业还没有做完呢？"

孩子低头，小声说："是……"

妈妈有点生气，看着手表说："你不是四点就放学了吗？你看看现在都十点了，作业怎么还没有做完？"

孩子怯怯地说："因为放学的时候，我去楼下和同学们一起玩了。"

妈妈变得很生气，瞪眼，声调升高："我不是告诉过你，一定要先做完作业再去玩吗？你怎么就这么不听话呢？"

在这个围绕写作业的典型情景中，妈妈最后的结论就是："你怎么不听话？"前一段时间，网络上还流传了一个帖子，说的就是父母陪着孩子做作业，导致自己做心脏搭桥手术两次。还有的父母出家、考取小学教师资格证书等。在陪孩子写作业的过程中充斥着孩子各种不听话的片段。

 场景二

家中，一对母女在钢琴旁边讨论。

孩子说："妈妈我很累，我不想练琴。"

　　妈妈很惊讶地说:"你不是刚刚休息过,而且也吃过东西,怎么还会累呢?"

　　孩子说:"我就是很累嘛!"

　　妈妈开始不高兴了:"你就是懒,不想练习!不练习是不会有进步的。"

　　孩子唱起反调:"就不练!"

　　妈妈开始咆哮:"不行!就要练,你怎么不听话!不听话你试试看!"

　　对于这个围绕练钢琴的场景,我们也很熟悉。我们认为我们创造了最理想的环境,竭尽所能地给孩子我们认为最好的一切,这一切甚至是我们小时候最希望拥有的或者是渴望的。但是,往往这个时候孩子不知道,也不理解,甚至他们还找出各种借口和理由不去珍惜和充分利用这一切。这是让父母在这种场景中感到最挫败、最伤心和最苦恼的事。

 场景三

　　在家中的厨房里,妈妈和两姐妹围绕着一盒饼干展开

对话。

妈妈："你要把饼干分给妹妹一些。"

姐姐："你很偏心，你为什么多给妹妹这么多饼干？"

妈妈生气地说："姐姐就是应该照顾妹妹啊！"

姐姐："谁说的姐姐就应该照顾妹妹？"

妈妈："我说的，难道你不听我的话吗？"

孩子："那我就不吃饼干了，你把所有的饼干都给妹妹

吧！你就是一个坏妈妈，非常地偏心！"

父母与孩子沟通不畅

随着"二孩政策"的放开，越来越多的家庭开始体会到以上场景中的苦恼了。两个孩子能一样对待吗？为什么老大总是不听话，不能体恤父母、谦让弟妹？为什么有时候老二也不听话，总是挑衅老大，说多少次都不听话？

总而言之，在上面这三种场景中，父母都希望孩子听话，而孩子们就是不听话。为什么会这样？父母在上面的场景中有什么做得不对的地方吗？

希望孩子听话，是因为我们有"希望孩子听话"这个前提

在上面的三种场景中，其实就包含着我们希望孩子听话的三个前提。

 前提一

妈妈的核心点是："把作业做完了才能去玩。"这个话对不对呢？这个观点非常正确，而且也是为了孩子着想。可是孩子是不明白的，也是不理解的。我们回头想想，我们小时候，父母对我们说过多少话，是父母认为正确的，而且是为了我们好，但是我们当时是不能理解的呢？在我的咨询案例中，有一个二十多岁的小伙子来到我这里，告诉我："我最讨厌我父亲跟我交流了，而且最讨厌所有交流开头的第一句

话，你知道是什么吗？"我很好奇，问这个已经身高一米八几的青年人："是什么？""我爸爸第一句话总是跟我说：'我都是为了你好！'然后在这句话之后，才开始讲别的，所以我特别反感与他交流。"从这个案例中，我们可以很清晰地看到，父母和孩子交流的第一个前提是：我们作为父母，是为了孩子好，我的话是正确的。

前提二

第二个场景中，我们又看到一个什么样的前提假设呢？那就是在否定孩子的感受。因为妈妈从她的经验来看，孩子刚刚休息完，吃完东西，是不可能会累的。那这是妈妈的经验和感受，而孩子还是觉得累，所以说这位妈妈否定了孩子的感受，而把自己的主观感受强加给了孩子。也许我们从小也是被这样教育长大的，因为我们的感受没有被我们的父母所尊重，是被父母所否定的，所以我们也学会了这种否定孩子感受的方式。这是我们的第二个前提，就是总说："孩子你要听话，因为我理解你的感受，知道你的感受，你没有自己的特别的感受。"

前提三

　　我们再看第三个场景。在第三个场景中父母的核心点是，姐姐就应该让着妹妹，应该照顾妹妹。这是一个社会道德规范，这个规范是从各个方面来要求我们的。比如父母、老师、长辈，我们在从小到大的成长过程中，长辈尤其是父母总教育我们说，姐姐就是应该照顾妹妹，然后我们把它内化成我们自己身上的一种道德标准和价值观。当我们说这种话、孩子又不听的时候，我们会非常生气，因为否定这些就是否定了我们自己，否定了我们的价值观。所以我们觉得这样不对，孩子是不听话的。这就是让孩子听话的第三个前提：孩子不听我们的话，就是不尊重我们、否定我们。

　　总而言之，我们希望孩子听话的三个前提如下。

　　（1）"你要听话，我们是为了你好，我的话是正确的。"

　　（2）"我理解你的感受，我知道你的感受，你没有自己的特别的感受。"

　　（3）"如果你不听话，就是不尊重我们、否定我们。"

　　我们常说，语言是一把"双刃剑"，它既可以救人，也可以伤人。在人类进化的历史过程中，原本是没有语言的，远古时期的人类会发出一些警报或声音作为信号，比如原始社会的部落里发现有野兽来了，他们想用尖叫、手舞足蹈、做出很大的动作等方式来告诉同伴有危险，让同伴快跑，远离危险。那么这个部落的人，可能就会幸存下来。随着人类的进化，我们可能越来越多地使用工具，然后随着大脑的发展，语言慢慢地开始精细化，所以我们发展语言的目的是满足传递信息的需要。

我们说孩子不听话，首先我们要反思的是自己说的话，我们这样说是为了表达什么？你要传递一种什么信息？既然我们说的话孩子不听，也就是说你这种信息的传递是无效的。所以我们不应该先去追究信息接收者的问题，而应该思考信息发出者的问题，就是说话者自己本身的问题。

应对孩子不听话的良方

假如我们可以把之前提到的三种场景进行转变，大家看看效果会怎么样。

 场景一

在家中，在孩子写作业的书桌旁，孩子与妈妈围绕作业谈话。

妈妈看着作业说："怎么作业还没有做完呢？"

孩子低头，小声说："是的！"

妈妈，看看手表说："哦？"

孩子怯怯地说："因为放学的时候，我在楼下和同学们一起玩了。"

妈妈说："是吗？"

孩子看着妈妈，也看看钟表，已经10点了，害羞地说："是的，妈妈，我应该先做完作业再玩。"

妈妈微笑了一下。

在这个场景中我们可以清楚地看到，母子之间的对话改变成妈妈的反馈语言只有几个"哦！是吗？"和微笑的动作。三个变得非常简短的反馈却起到了最佳的作用。可见话不是说得越多越好。我们也不希望自己变成孩子讨厌的"啰唆的妈妈"，那么什么比语言更有作用和效果呢？非语言的信息是我们可以使用的，例如语气、语调、面部表情和肢体行为。

育儿智慧板 　　有时候与孩子交流，我们可以少说话，多利用非语言信息。尤其是在与孩子有冲突的时候，我们可以避免语言激烈的冲突，以一种柔和的方式化解矛盾，达到更好的沟通效果。

在第二个场景中，我们可以这样来改变一下。

场景二

家中，母女俩在钢琴旁边讨论。

孩子："妈妈我很累，我不想练琴。"

妈妈很惊讶："嗯？"

孩子："是的，我刚才睡了一会儿觉，而且我也吃了饼干，但是我还是觉得累。"

妈妈："那怎么办？"

孩子："要不我再躺10分钟？"

妈妈赞同地说："好的。"

孩子："10分钟之后再来叫我！"

在第二个改变的场景中，妈妈也没有过多的语言，而是将问题抛给了孩子，让孩子自己思考该如何去做。有时候，父母应该学会在孩子面前示弱。通常，我们可以看到过于强势的父母，孩子都比较弱，因为孩子受到了太多的保护，自己没有锻炼和成长的空间和机会。父母要相信孩子可以自己

解决问题。有时候，作为父母，学会放手更难，因为父母要
承担更多失败的风险，并要忍住不去评论和指导。

第三种场景，我们该如何改变？

场景三

在家中的厨房里，妈妈和姐妹俩围绕着一盒饼干展开
对话。

妈妈："你把饼干分一块给妹妹。"

姐姐："妈妈，你很偏心，为什么多给妹妹饼干呢？"

妈妈很生气："妹妹有点饿了。"

姐姐："我也很饿啊。"

妈妈："孩子，你也很饿，可是你平时总是很照顾妹妹
的呀。"

孩子："那倒也是。"

妈妈："那你能不能吃点巧克力呢？"

孩子接受了："好吧！"

我们看到在第三种场景中，妈妈激发的是孩子自己认可的部分"你总是很照顾妹妹"。我们每个人，包括我们成年人都希望自己能得到别人的肯定和赞美，没有人喜欢别人的批评和指责。我们自己想想，当被领导批评的时候，自己是什么心情？我们肯定不会高兴，也听不进去领导的讲话。只有肯定和赞美才是我们内心所接受和认可的。有了别人的肯定，孩子就会保持行为的一致性，就会沿着他自己认可的行为模式去做，不是父母让孩子这样做的，而是孩子自己要求自己做的。孩子还是没有听父母的话，他听的是他自己的话，虽然父母的话和孩子自己的话是一样的。但是这有什么

父母与孩子良好沟通

关系呢？我们希望的是孩子拥有正确的行为模式，而不是纠结于他们有没有听父母的话。

从上面的三种场景中，我们用非常简短的语言，与孩子互动和反馈，起到了很好的效果，这三种场景中的孩子都很听话。我们可以总结出应对孩子不听话的良法有以下三点：

（1）少说话，多用语气词和身体语言。

（2）在孩子面前示弱，给孩子成长的空间和机会。

（3）发掘孩子的优点，在孩子自己认可的前提下赞美和鼓励孩子。

让孩子合作的步骤

其实，我们父母更希望孩子与我们合作，而不是对抗。

如何让孩子与我们合作呢？该怎么做？

步骤一，帮助孩子接受自己的感受；

步骤二，鼓励孩子；

步骤三，去掉孩子身上的标签；

步骤四，用其他方式代替惩罚。

 步骤一

如何帮助孩子接受自己的感受？

要接纳孩子的感受，我们首先要有一个接纳力。在如何接纳孩子的感受方面，电子工业出版社出版的《接纳力》一书就提到了一些很好的方法。其中一个方法就是要认真地倾

听。怎么做到认真地倾听呢？也许有的父母说，我是在倾听孩子讲话啊，可是父母真的做到了认真地倾听吗？我看到很多父母经常边看电视或边看手机，边跟孩子说话，这种情况并不叫认真倾听。认真倾听首先要求你先放下自己手头的事情，眼睛注视着孩子，仔细用心地听孩子讲话。这个时候，父母能捕捉到孩子的许多非语言信息，比如能看到孩子的眼睛、脸颊、手……孩子有没有说实话？孩子信任父母吗？孩子正在隐瞒什么事情？这些问题在和孩子的交流中往往能找到答案了。最重要的是，当父母认真倾听的时候，孩子是能够感受得到的。孩子感受到父母在认真倾听，就会有被重视的感觉，孩子就更愿意倾诉，同时，父母说的话孩子也会更愿意听了。

其次，父母可以用非常简单的反应模式和孩子互动，我们可以参考改写三种场景中用到的"哦！""啊！""是吗？"这种简单的语气词和孩子们互动。亲爱的父母们，请你们记住，你说的话多了，孩子说的话就会变少。我们有时候希望孩子听话，但不是我们多说话孩子就会听的，其实父母想要让孩子听话，首先要学会少说话。

最后，我们还要说出孩子的感受。孩子可能因为年纪太小，无法用很准确的词语来解释自己的感受。有时候父母有个误区，就是想让孩子尽快地从各种负面情绪中走出来，但实际上父母不要太着急，有时候父母帮助孩子正视负面的感受，帮助孩子给这个感受下定义，效果可能会更好。

我们看下面这样一个场景。比如有个小朋友，他的小狗死了。

孩子非常伤心，他就去告诉爸爸："爸爸，我的小狗死了。"

爸爸说："是吗？它怎么死了？"

孩子："是的，它已经不吃饭了，也没有动，它死了。"

爸爸就说："不要难过，我再去给你买一只小狗。"

孩子反而会说："不，我只喜欢这一只狗。"

爸爸就开始烦了："我都说要再给你买一只了，你为什么还要哭呢？你这个孩子真不听话。"

孩子哭闹得更加厉害，爸爸也很生气。

如果我们现在帮助这个孩子正视自己的感受，在这种方法的指导下，我们试想另外一种场景。这个孩子还是失去了他心爱的小狗。

孩子非常伤心，他就去告诉爸爸："爸爸，我的小狗死了。"

爸爸说："孩子，小狗怎么了？"

孩子："它已经不吃饭了，也没有动，它死了。"

爸爸就说："孩子，我知道你很喜欢它。它是你最好的朋友，失去朋友一定很伤心。"

孩子说："是的。"并开始哭。

此时，爸爸不用着急让孩子摆脱这种负面情绪，可以拍拍他，抱抱他，这样孩子情绪可能就会有所缓解。

孩子说："我想天天去喂它，和它在一起。"

爸爸点点头："好的！"

这是孩子的一种想法。父母在这个时候可以表示赞同和鼓励："嗯！好的。"此时，不要打破孩子的幻想。接下来有个小技巧，就是能用幻想来帮助孩子减少负面的感受。

例如：孩子要吃饼干，但是家里的饼干没了，孩子就开始哭闹："我要吃饼干，我要吃饼干！"这个时候，如果父母没有一点小技巧，可能会说："那我下次再给你买！"或者"你别哭了，没有饼干了，你吃点面包吧。"这个时候孩子可能并不愿意，还是要吃饼干，所以父母可以采取别的方法。我们还是回到这个场景中，孩子会说："我要吃饼干，我要吃饼干！"这个时候父母要去接受他的这种感受，孩子需要父母理解，他需要吃饼干的这种愿望。父母会说："是吗？你很想吃饼干？"如果孩子觉得是的，但是父母又没有饼干去满足他，那怎么办呢？父母可以说："我真希望我有魔力，给你变出饼干。"这时候孩子可能就变得高兴了："妈妈，你给我变吧。"妈妈可以配合孩子一下，假装有魔力变出饼干，画一块大大的饼干给孩子："你看我变出一块最好吃的饼干给你。"孩子可能就很高兴，假装吃两口。然后他就满足了，甚至会找别的办法："嗯！这饼干真好吃。要不然，妈妈，我还是吃点面包吧。"孩子自己就会找到一些解决方案。通过这个方法，父母和孩子的情绪都会得到缓解，而且孩子就听父母的话了。如何帮助孩子接纳自己的感受需要技巧和方法。

 **步骤二**

我们要鼓励孩子。具体的做法，我以下面的场景来说明。在孩子的很乱的房间里，妈妈和孩子有这样的对话。

妈妈："房间怎么这么乱？"

孩子："我觉得没有很乱。"

妈妈："你还不快点收拾？"

孩子还不动手。

妈妈急了："你真是懒，我每天都跟你说，要好好地打扫房间，要不然就是我给你打扫房间。你想把我累坏吗？"

在这个场景中，如何让孩子与我们合作呢？如果妈妈走进孩子的房间，看见里面很乱，她就说了一句："孩子，你的房间真乱。"接着妈妈说："我在这种很乱的环境中，感到非常不舒服。"可能孩子这时候会感到不好意思。然后妈妈说："如果你的房间再整洁一点。"这个时候，孩子可能就会在内心接受妈妈的这个假设，然后妈妈又说："这样吧，我们来一起打扫房间好吗？"于是妈妈就可以跟孩子一起动手打扫房间，孩子这个时候也会配合妈妈。

　　妈妈："孩子，你的房间真乱"（描述看到的现象）

　　妈妈："在这么乱的环境里，我真不舒服。"（表达感受）

　　妈妈："如果你的房间再整洁一点就好了。"（提出期望或假设）

　　妈妈："我们来一起打扫房间好吗？。"（解决的建议）

从这个场景中，我们可以看到父母与孩子合作是多么重要。这时，我们需要注意四个要点。

首先，说出一个现象，你看到的、用描述的方式，不要加自己的评价。例如"这个房间很乱"，这是一个现象，是一种客观的描述，而不要去批评或者指责孩子"这是'狗窝'"等。

其次，描述一下自己当下的感受："我在这种乱的环境里面，是不舒服的。"这是父母的感受。

再次，直接说出自己的期望或假设，例如"我希望房间很整洁""如果房间整洁一点就好了"等。

最后，给孩子一个具体的、可操作的建议。"那么让我们两个人一起，来把这个房间打扫干净吧。"这样孩子就会跟父母合作了。

步骤三

父母尽量去掉孩子身上的标签。

有的父母可能很熟悉这样的语句："你真是懒啊！""你就是一个懒虫！""你就是淘气包！""你就是坏！""你就是心不在焉！"……"你"是一个句子的开头。那么我们也可以把句式转换一下，把"你"都换成"我"，用"我"开头，去跟孩子沟通。比如父母看到餐桌没有收拾干净，孩子的碗筷没有拿到厨房，父母很生气，可能会说："你怎么还不收拾自己的碗筷？"现在我们开始转变句式，把开头的主语换成"我"，这句话就变成："我看到碗筷还在桌上，真希望这个碗在厨房里。我能不能看到碗在厨房里啊？"当然，这种方式需要父母们慢慢地去适应和学习。因为这种改变是

比较困难的，父母可能已经习惯了"你"开头的句式，转变说话的方式需要有一个"去习惯化"的过程。

所以，针对父母以前的习惯，我们首先可以转换句式的主语，把"你"换成"我"。父母要慢慢地与孩子进行良好的沟通，让孩子更配合我们，向我们希望的方向发展，或者说，某种程度上更听父母的话。所以要想让孩子听话，首先需要想想自己该怎么说话。

步骤四

父母要用其他方式代替惩罚。

很多父母都认可"棍棒下出孝子""孩子不打不成器"这样的观点。但是惩罚往往会给孩子带来负面的情绪，甚至埋下使亲子关系变差的种子。所以我们应采用可以代替惩罚的方法。第一，就是采用我们刚才提到的合作。第二，我们要改变说话的方式，当孩子不听话的时候，我们可以用建议作为解决方案。不要说"你再不听话，我就打你了！"而是"我们这样做，行吗？"第三，我们可以通过取消一些奖励作为惩罚。比如，"如果你不听，我们周末的郊游就会取消。"

让孩子听话，是一门艺术。我们想象一下，让一个心智还没有完全成熟的孩子和我们对话，采纳我们的建议，是多么大的挑战。所以当父母成功地做到让孩子配合的时候，也可以记录下来当时的方式、方法。其实，父母自己身上就有这种魔力存在。当然，当你沮丧的时候，可以看看上面的方法，或许可以给你一些帮助。

密码三

对兴趣的坚持

孩子对课外班的"爱恨情仇"

在养育孩子的过程中，父母可能会遇到这类问题："要不要给孩子报课外班？什么时候开始报？报什么内容的课外班？"

首先，课外班依据培训的内容不同可以分为两大类：兴趣班和学科课外班。兴趣班的目的是培养孩子的兴趣爱好，例如音乐、舞蹈、美术、书法、跆拳道、滑雪等。兴趣班的课程往往是在日常的学校或者幼儿园教学中不涉及或者很少涉及的。一般来说，兴趣班的课程培养出来孩子的兴趣爱好也会有相应的考核体系，例如钢琴、舞蹈和围棋的考级等。在幼儿园阶段就有一些相应的兴趣班，也有父母甚至在孩子刚刚出生不久就开始给孩子报兴趣班，例如游泳、音乐等。父母对兴趣班比较关心的问题一般是："孩子什么时候开始上兴趣班比较好？""孩子喜欢上什么兴趣班？""到底应该培养孩子哪方面的兴趣？""别人的孩子都上兴趣班，我的孩子也要上兴趣班吗？"……

学科课外班的目的是让孩子在某些学科上的成绩有所提高，学习的内容与学校或者幼儿园日常教学的主要内容密切相关。父母为了孩子在幼升小或小升初等升学过程中具备优势，例如可以通过获得比赛的奖励来给升学加分。学科课外班在幼儿园阶段相对少一些，在中小学阶段较多，甚至有的父母让孩子参加各种补习班，几近于疯狂。

本书主要针对3～6岁的儿童，这个阶段的孩子主要是以兴趣班为主，所以我们在本章中主要讨论兴趣班的问题。

很多年轻的父母，从孩子很小就开始给孩子报各种兴趣班，希望孩子能从众多的兴趣班中受益。例如，有的父母让孩子学习钢琴，也不一定是希望孩子以后能成为钢琴家，只是希望孩子能有一个长期的兴趣或爱好，在某些场合可以展示一下自己的才艺。当然，也有不少的父母希望在孩子身上弥补自己的遗憾。所以，父母花很多钱让孩子去参加各种兴趣班，这很考验父母的时间、金钱、精力和毅力，例如每次往返兴趣班的接送、学习材料的准备（各种乐器和颜料等）、演出参赛的陪伴等，甚至有的父母为了更好地陪伴孩子，自己也要参与兴趣班的学习。付出种种的心血之后，父母发现孩子有时候并不能坚持下来，甚至越来越反感这个兴趣。在咨询过程中，我也见过这样的极端案例：一个孩子不爱练琴，被父母逼着练，最后偷偷把琴弄坏。另一个孩子不爱练舞蹈，却被父母逼迫，就偷偷把舞蹈鞋剪坏来发泄不满。为什么会出现与父母当初的愿望完全相反的结果？究竟是什么原因让孩子们如此痛恨兴趣班呢？带着这些问题，也带着对这些问题的思考，我们一起分析一下孩子对兴趣班由"爱"生"恨"的原因。

父母让孩子上兴趣班是为了谁

有一部法国动画电影叫作《了不起的菲丽西》。这部电影于2016年上映，英文名字叫作Ballerina，这部电影的名字也被翻译成《天使爱芭蕾》《芭蕾奇缘》等。这部电影讲述了一个发生在19世纪的风情万种的法国背景下的故事。一位自小生活在孤儿院中的女孩子（名叫菲丽西）一直有个梦想，就是成为真正的芭蕾舞者。为了追梦，她和发明家小伙伴维克托实施了一场逃跑计划。两个孩子费尽周折，终于来到了大都市巴黎。面对陌生的一切，菲丽西并没有怯懦，她勇敢地冲破套路，不惧刁难，闹出了很多笑话却不失可爱率真。梦想忽远忽近，菲丽西在巴黎历经了一场场曲折意外的冒险和奇遇，但她从未放弃对舞蹈的执着，最终实现了自己成为芭蕾舞者的梦想。

在观看电影之前，父母可以给孩子布置一个任务："你最喜欢电影里面的哪个情节？"或者"电影里面最感动你的是什么？"这个问题可以不仅限于这部电影，父母和孩子一起互动的时候可以和孩子一起思考这些问题，引导孩子进行深度思考，这是对孩子进行思想训练的好方法。当然，也许在实际操作的时候，父母会发现孩子很懵，可能回答不出你的问题，甚至忘了你的问题。即使这样，父母也不要放弃，坚持与孩子进行这样的交流，对培养孩子的思维和沟通能力很有帮助。

具体到这个电影里面，给我印象最深刻的是：有一个老师经常问学习芭蕾的孩子们同一个问题："你为什么要学习芭蕾？"电影中有一个孩子叫卡米耶，她是舞蹈技巧高超的霸道富家女，芭蕾舞、踢踏舞等无所不能。卡米耶能跳出优美的舞姿，但是她性格高傲自大，根本不把别人放在眼里。卡米耶回答"为什么要学习芭蕾"这个问题的时候说："是我的妈妈让我学的。"卡米耶有一位十分严厉的妈妈，她所做的一切，都是为了迎合她的妈妈。为了满足她妈妈希望她学芭蕾的愿望，她才去学习芭蕾舞。我们在现实中也见过这样的"虎妈"，对孩子要求十分严格，把自己的希望甚至是自己小时候没有做到的事强加在自己的孩子身上，希望由孩子去代替自己实现。例如，有一位妈妈小时候家境不好，但是她的一位同学家境不错，从小就学习钢琴，这位妈妈从小就很羡慕可以学习钢琴的同学，幻想着自己有一天穿着天鹅绒礼服，在一个金碧辉煌的音乐厅里优雅自信地弹奏世界名曲。这一直是这位妈妈心中最美好的画面。但是这位"虎妈"没有机会去实现这个梦想，所以就把这个梦想投射到孩子身上，希望孩子能够实现。她强迫自己的孩子学习钢琴，完全不管孩子是不是感兴趣。这位妈妈甚至觉得："我尽我最大的努力给了孩子我小时候不敢奢望的条件，孩子就应该好好珍惜，好好学习。如果学不好就是不争气，就是没有用。"我们可以看到，抱有这种目的让孩子参加兴趣班的妈妈其实是很自私的，她不是真正为了孩子，而是为了满足自己的愿望。表面上，这种类型的妈妈是最配合、最坚持的，但是给孩子的压力也是最大的。客观上，这类妈妈也许可以培养出孩子的兴趣爱好，孩子为了满足妈妈也可能一直在学习，而且效果不错。这种情况是有的，在外界强迫之下，孩子为了认知的协调，会暗示自己："我是热爱这个兴趣的。"即使后来外界的压力解除，孩子还是会坚持自己是喜欢这个兴趣的。当然，如果孩子内心无法协调认知，而且内心的冲突一直很大，当有一天压力大到他无法承受的时候，可能就会爆发出来，严重的可能会出现砸坏钢琴、剪坏舞蹈鞋等破坏性的行为。当然，如果孩子出现这些极端的行为，我们也要意识到这是一件好事，起码孩子表达了自己的想法，虽然表达的方式不正确。

电影中的主角菲丽西的回答是："我为什么要学芭蕾，是因为在我很小的时候，我的妈妈就抱着我跳芭蕾舞，舞蹈已经融入了我的生命，它是我生命的一部分。"这是一个天下所有父母都愿意听到的答案，是一个完美的回答。可惜的是，现实生活中很少有孩子会这样回答。父母不必过分自责，为什么自己的孩子就不能有这样的答案。我们可以看到菲丽西的经历，妈妈在她很小的时候就去世了，电影中没有交代她的父亲，她是在孤儿院中长大的孩子。这样就可以理解为什么她脑海中总有一个画面，就是她的妈妈抱着她在跳芭蕾舞。跳芭蕾舞变成了她与妈妈连接的环节，所以这个不幸的孩子又有她的幸运，她可以通过跳芭蕾舞来升华她对妈妈的感情。由此，菲丽西也对芭蕾舞赋予了她自己的意义和情感，所以芭蕾舞是她内心所热爱的、能给她带来追求的、能够满足她与去世的妈妈进行连接需要的，所以她有足够强大的动力去学习芭蕾舞。在现实生活中，3～6岁的孩子自发产生如此强大的学习兴趣是不太常见的。正因为我们大多数的孩子不能自发产生强烈的学习动机，所以还需要父母的引导。

对比这两个孩子的回答，究竟什么是她们学习舞蹈的最原始的目的和出发点？如果父母想让孩子坚持一个兴趣爱好，首先不用着急去回答其他问题，比如："我们是选择报这个班，还是报那个班？""我们要报这个机构还是那个机构？""大家都学，我不学行吗？"而是首先要回答一个问题："我们为什么要让孩子学这个兴趣班？"如果你准备好回答这个问题了，再去回答其他问题。

我们举个例子：30年前，有一个小孩学围棋学得很好，在当地被称为"神童"。这个孩子刚满11岁的时候，已经取得业余二段的证书。这在当时来看是很不错的成绩，周围的人都觉得他很棒。可是这个孩子如果想继续学围棋就会遇到很多压力。结果他不学了，放弃了。30年以后，我问他："放弃围棋，你后悔吗？"他是这样回答的："我是有一点点后悔，但是当时因为我要考初中了，在那个年代，学习成绩还是很重要的，如果我继续学围棋，必须走专业围棋的道路。走专业围棋的道路的话，当地已经没有老师可以教我了，我必须去省会城市学习。如果我去省会城市专门学习围棋，我的其他学科，比如语文、数学，就可能会停滞一段时间。我当时不敢冒险，所以就放弃了。"现在，围棋对于他来说变成了业余爱好。这也是个很好的选择。

综上所述，父母对孩子学习兴趣班的期待可以归纳如下。

 期待一

这个兴趣真的让孩子成了某个领域的专业人士，你的孩子可以在这个领域达到非常专业的程度，成为这方面的顶尖人才。

期待二

这个兴趣可能成为陪伴孩子终身的一种业余爱好，比如围棋、舞蹈、音乐等，当孩子长大后可以将其作为自我放松的一种方式，用来缓解自己的焦虑，释放自己的压力，寻找到精神的慰藉。

期待三

这种期待或结果也是父母最不愿意看到的，就是这个兴趣爱好成为孩子反抗父母教育的一种武器。孩子痛恨它（兴趣），用行为向你宣告："我让你知道，你在上面付出的心血都白费，全都给你砸坏，我要反抗你！"

所以，父母培养孩子的兴趣爱好，首先一定要自问自答："为什么要让孩子学习这个兴趣？"静下心来听听来自我们内心的声音。

向游戏学习方法

假如有这样一个场景，父母肯定会非常高兴：孩子正在非常投入地弹着钢琴，都忘记了时间。吃饭的时间到了，反而要父母去叫孩子吃饭，而且叫他吃饭时，他还停不下来，还要继续练钢琴。有些人一定觉得这不可能存在。如果出现了这种情况，父母会觉得这个孩子正在享受艺术，这是学习兴趣爱好最巅峰的状态，也是父母最期待看到的场景，如果孩子能够学习兴趣爱好达到这种程度，那该多好啊！

有时候，父母可能会开玩笑地说："我看啊，他玩电子游戏的时候倒是这种状态！叫他吃饭也不吃，叫他睡觉也不睡。吃饭和睡觉的时间都在玩游戏。"我们可以认为孩子达到了心理学上所说的"心流"状态。美国心理学家米哈里·契克森米哈赖（积极心理学创始人之一）认为：那些经常能体验到"心流"的人们，在工作中更容易感到幸福。对"心流"的解释是："心流"（Flow）是指一种心理状态，英文的本意为"流动、涌流"的意思，相对于"神迷""沉浸"等词，它也可理解为"福乐、沉浸、流畅、神迷、流动、意识流、行云流水"等。"心流"是指一种心灵体验的状态；是指完全沉浸在自己所做的事情时忘记了身旁的一切，甚至察觉不到时间的推移，在沉浸中得到了一种难以言喻的快乐，内心感到轻松愉悦。心流体验是一种积极的情绪体验，对提升个人的幸福感非常重要。米哈里·契克森米哈赖曾经请一些人简单描述使他们感到最快乐的活动，发现人们一致谈道：最快乐的活动是当时自己对正在做的事情非常投入，没有任何事情可以打扰他们。所以，"人类最快乐的状态，是专注地融入某件自己喜欢做的事，全力以赴、尽情发挥，完全忘记其他所有不相关事物的存在，这时内心会感到很自然、很轻松，这种体验就是心流"。它的状态类似于"心无旁骛，物我两忘"。"心流"状态中的人们能享受到沉浸的体验，感受到快乐，展现最好的一面，全神贯注的境界会让人们处于最佳状态。运动员则称之为"在状态"。最容易产生心流状态的活动是运动、音乐演奏、欣赏、写作、绘画、摄影、下棋等，这是一种"进入佳境"的心理状态。

为什么电子游戏可以将孩子带入这种状态中？是什么引导孩子到游戏上来的？电子游戏的设计有什么秘诀吗？

大家可以看到，所有的电子游戏都是由孩子自己决定它的开始级别。孩子可以自己选择装备。所以孩子非常有兴趣。那么联系到我们要培养孩子的兴趣爱好，父母一定要根据孩子现在的基础，给孩子量身定制符合他自身兴趣爱好的活动。从他自己选择的级别开始，而不是所有的孩子都是千篇一律的。

电子游戏最吸引孩子的是什么？就是它有及时的反馈。比如，游戏者得了多少分？充了多少血？有什么样的武器奖励？及时反馈是激发孩子兴趣的最好方式。孩子做的作业都需要等到第二天老师批改后再发下来，十几个小时过去了才有反馈。所以父母怎样让孩子每次学习兴趣爱好之后都能得到及时反馈，就显得非常重要。及时反馈能够激发孩子内在的学习动机和激情。

秘诀三

电子游戏可以增强孩子的参与感。在电子游戏中，孩子可以自己选择各种武器、场景等。现在大部分电子游戏可以进行网络连接，孩子可以邀请或被邀请参与游戏。孩子在电子游戏中可以体验到自己做主的感觉，强烈的参与感，激发出孩子内在的动机。

以上三点，可供父母在激发孩子的兴趣上进行参考。总的来说就是，尽量给予孩子定制化的培训计划，给孩子及时反馈，让孩子自己参与到学习当中。

坚毅的积极心理品质是坚持兴趣爱好的保证

心理学做过这样一个研究，就是梳理世界上古今中外名人的成功经历，发现这些名人的身上会集中体现一些优秀的积极心理品质，比如他们总是充满着希望，总是乐观，总是有责任感，总是自己进行自我控制和管理等。经过梳理，这些在名人身上体现的积极心理品质大约有24个。其中一个是"坚毅"，对应的英文单词是"Grit"，也有"坚持""毅力"等其他译法。坚毅是培养兴趣爱好的非常重要的品质。目前在美国的主流教育中，对坚毅的培养和教育是一个热点。

什么是坚毅？这个品质包括三个核心内容。

核心一，要有激情。

核心二，要有一个长远的目标。

核心三，失败以后有重新开始的勇气。

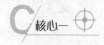核心一

关于激情，如果孩子很喜欢投入某个兴趣中，甚至常常忘记时间，那么就是对这个兴趣很有激情。

核心二

有长远的目标。

要让孩子有个长远目标是比较困难的。每个人的大脑都有一个生长发育的过程。人的大脑前额叶在20岁之前都在生长发育，直到20岁之后才能够完全成熟。前额叶是大脑皮质制订计划的关键脑区。所以让孩子有长远目标和规划，这本身还不太现实。这就要求父母要有足够的耐心去帮助孩子。孩子可能看不到那么长远的目标，所以父母要和孩子一起把这个长远的目标分成一些小目标来逐步完成。比如学习钢琴，可以引导孩子从一级、二级、三级到十级。把这个长远的学好钢琴的目标分解为先考一级、再考二级这种小目标。在整个实现逐步考级的过程中，孩子就会产生成就感。一步

兴趣爱好可以培养儿童
坚毅的品质

一步地晋级，能极大地帮助孩子把长远目标转化为可以实现
的小目标。并且每一次考级其实都是一次反馈，这也符合上
面我们在谈论电子游戏时提到的及时反馈的方法。

核心三

　　坚毅并不在于你一定要做对什么，而在于你尝试失败后
有重新开始的勇气。比如做数学题目，不是要求孩子一定要
在做1+1的时候很准确地得到2，而是当孩子得出1+1=3这样
一个错误的答案之后，孩子还愿意重新去尝试做数学题。孩
子依然充满激情，而且不怕失败，依然期待成功，这是很难
的。一次一次的打击，对孩子的自信心是一种残酷的考验。
孩子在成长的过程中，需要正面的积极反馈和成功的肯定。
失败是可怕的，是沮丧的，是可以挑战自我的。如何化解失
败带来的负面情绪，并从失败中站立起来，对生活依然充满

热爱，是需要培养和锻炼的。正如罗曼·罗兰所说："世界上只有一种真正的英雄主义，那就是在认清生活的真相之后，依然还有热爱生活的勇气。"这个勇气从何而来？又该如何培养？

通过下面这个例子，父母可能就会非常清楚了。即使孩子失败了，像前面推荐的电影中的菲丽西，她被迫从巴黎回到乡下的孤儿院。当菲丽西回到孤儿院的时候，她还是在没有任何人督促和强迫的情况下，自己练习芭蕾舞的一些基本功。这个孩子在失败以后还有重新开始的勇气，这是非常重要的，表明孩子具有坚毅的品质。孩子一定要有在遇到失败之后，能够重新开始的信心和勇气。

坚毅对孩子的学习兴趣爱好这么重要，那么如何培养孩子的坚毅品质？最重要的就是要有激情，怎样激发（孩子）内在的激情？可以参考我们经常提到的电子游戏。为什么孩子对电子游戏这么有激情？可以参照前面一节的详细内容来理解。

让孩子在培养兴趣爱好时，跳起来可以摘到苹果

父母在激发孩子内在的激情时，还要考虑到最近发展区。

什么是最近发展区？我们来想象一个画面：我们要摘树上的苹果。有的苹果长在树冠最高的地方，可能孩子身高不够，即使跳起来也够不到那个最高的苹果。摘这个苹果对他来说是很难的挑战，孩子也就不会去摘了，因为他无论怎样也摘不到这个苹果，他只好放弃。如果这个苹果长在很低的地方，孩子随手就可以摘到，那么这个孩子也没有什么动力。因为孩子觉得轻而易举，很容易得到。那么摘什么位置的苹果，孩子会觉得比较有兴趣呢？不是他随手就可以摘到的，也不是他怎样努力都摘不到的，而是他跳起来之后就能够摘到的苹果。这个位置的苹果对激发他的潜能是最好的。

这个苹果生长的位置就是孩子跳一跳就能够到的区域。

育儿智慧板

这个苹果区在教育心理学中叫作"最近发展区"，在这样一个区域内的反馈和效果是最好的。

一个小孩子在一个长满苹果的树下面，他够不到树冠上的苹果就哭了，跳起来也够不到，孩子很沮丧。

一个小孩子在一个长满苹果的树下面，他很轻易就摘下了树底的苹果，没有什么意思，孩子都懒得摘了。

一个小孩子在一个长满苹果的树下面，他需要跳起来摘树上面的苹果，小孩子很兴奋，总是蹦蹦跳跳，摘到了会很高兴，很有成就感。

结合最近发展区的理念，给父母培养孩子的兴趣爱好的建议如下。

建议一

父母要慎重地选择兴趣班，因为在孩子非常小的时候，可能不知道自己的兴趣是什么，我们应该帮助他选择兴趣班。有的父母可能会产生误解，是不是什么兴趣班都尝试一下，这样才能知道孩子的兴趣在哪里？但是这样做有可能会有一个负面的结果，就是父母在放弃其他兴趣班的过程中，孩子会习得一种随便、轻易就可以放弃的习惯，这是一个不好的影响。

怎样帮助孩子选择兴趣班？首先，父母可以看看孩子在做某件事情的时候，是不是比别的孩子投入的时间更多。比如两个孩子画画，但是这个孩子在父母没有督促的情况下，自己画的时间更长，而且更投入。说明这个孩子对画画感兴趣。父母就可以让孩子参加画画兴趣班。

建议二

要帮助孩子选择一个好的导师，即引导孩子产生兴趣的老师，这是至关重要的。哪个机构并不重要，重要的是机构里的老师如何。电影《了不起的菲丽西》里面有一个清洁工，她是引导菲丽西进入芭蕾舞殿堂的核心导师。正是因为有一个好的导师，加上她自己热爱芭蕾舞，非常有激情，所以她才能被指引到学习芭蕾舞的道路上。这是父母要注意的：要为孩子选一个好的导师。

建议三

一定不要在孩子感觉最糟糕的时候放弃。比如孩子考级失败了，他说再也不学习这个舞蹈了，或者再也不学习钢琴了，因为他考级没考过。这个时候往往是一个关键点，很多父母就随着孩子："哦！那我们就不学了吧，反正你也没考过，也不愿意再考了，那就把这个放弃吧。"父母恰恰应在这个时候坚持下来。为什么要坚持？不是说孩子不能放弃，但请不要在孩子感觉最糟糕的时候放弃。在上面这种情况下，如果父母说："好的，我们以后可以不学钢琴但是我们要过完这一级之后再来考虑好不好？"这样就让孩子锻炼了心理的韧性。孩子在遇到困难的时候还能再重新面对它，这对孩子是有很大帮助的。

建议四

关键的时候，父母可以与孩子分享一些自己的经验和感受。比如父母也有一些兴趣爱好，并在坚持兴趣爱好的时候遇到很多困难。因为我们知道，在长期的坚持过程中，最难的是需要我们一直努力。父母需要把自己的一些经验和心得真诚地和孩子一起分享，分享的过程中请忘记父母的身份，把孩子当作朋友。例如，爸爸妈妈在某一次求职中被拒绝了，心情很差，低头走路，突然看到一个墙角的蒲公英很坚强、很勇敢地绽放。在蒲公英的启发下，又鼓起勇气，开始尝试另一次求职。

建议五

我们要帮助孩子建立志同道合的朋友圈，比如大家都在一起学习钢琴，或者都在一起学习舞蹈，就可能形成同伴之

坚毅对儿童未来成就预测性很强

间相互督促和帮助的氛围，这样孩子就会更愿意学习。在这个朋友圈里，大家可能遇到相同的问题，同龄人之间可以相互影响共同面对困难。如果有一个好的导师来营造一种学习的气氛，同伴之间有良好的风气，父母有正确的方法，孩子就会在这个兴趣班里走得更远、更坚实。

最后给父母的一个建议是：父母还需要做一些助推工作。父母在督促孩子学习的过程中，要注意自己的情绪，注意说话的语气，让孩子养成一种练习的习惯。只有孩子将学习这个兴趣爱好培养成一种习惯，父母才会省时省力，而且孩子也会在形成习惯的过程中，慢慢地获得这个兴趣爱好带来的乐趣。最终，孩子就会坚持下来。

密码四

克服害羞有妙招

孩子害羞的行为表现

有些父母经常遇到过下面的情况。比如家里来了客人，父母让孩子来和客人打招呼，孩子不仅没有礼貌地称呼客人，反而往后躲，藏在父母的身后，甚至藏在房间里不肯出来。这个时候，父母为了打破尴尬的局面，可能会说："我们家的孩子太害羞了。"有时候，孩子参加各种比赛活动，明明已经准备得很充分，可是当孩子真正站在台上讲话或表演节目的时候，突然话说得磕磕巴巴，严重的甚至出现出汗、脸色发白等状况，导致不能正常发挥。对于上面的这些情况，父母可能会比较苦恼："我的孩子常在关键时候害羞，该怎么办呢？"

我们可以仔细观察孩子害羞时的行为表现，如出汗、脸红、心跳加快，甚至扭来扭去。还有的孩子会抓弄自己的纽扣，低着头，声音非常小。当我们询问孩子当时有什么感受时，孩子可能会告诉我们：

我和别人在一起时会紧张，特别是和我不认识的小朋友在一起的时候；

我很想躲开别人，甚至不想让别人看自己一眼；

我担心讲话讲不好；

别的小朋友会笑话我，或者不喜欢我；

这个新认识的老师会不喜欢我；

我和别人说话的时候，脸总是很热；

和别人交流时，我的身体总是不由自主地扭来扭去；

我和别人说话声音一会儿大，一会儿小；

我不敢看着对方的眼睛，我感到害怕……

当然，每个孩子害羞时的表现是不一样的。有的孩子害羞时，甚至还会用力打自己的亲人，尤其是当父母说了一些不好听的话，或者父母很想让孩子避免害羞行为的时候。

当孩子出现害羞的表现时，父母会比较担心，孩子害羞该怎么办呢？有的父母就会忍不住指责孩子：

"你总是很害羞！"

"没事，大胆点，你看×××做得多棒！"

"你不敢和陌生人打招呼，不敢看陌生人，为什么啊？"

"你不是练习许多遍了吗？怎么还是害羞？"

"这有什么好害羞的？"

"你怎么回事？还比不上比你小的孩子！"

害羞是3~6岁儿童的一种常见情绪

"不要害羞，必须上！"

……

　　父母的心情是可以理解的，担心孩子害羞不能适应这个竞争日趋激烈的社会，担心他们的社会交往能力，所以许多指责脱口而出。但是，父母这么说会有效果吗？有什么样的效果？我们往往会发现，父母以这样的方式给孩子反馈后，效果并不明显，甚至更糟。孩子的其他负面情绪往往就被引导出来，要么哭闹退缩，要么生气愤怒，这些都不是父母的初衷。那么，当孩子害羞的时候，父母该如何引导呢？

孩子害羞的心理状态

父母都体会过害羞的感受，也会观察到孩子有害羞的反应和表现，那么害羞在心理学上的原理是什么？让我们一起来思考人为什么会有害羞的情绪，这种害羞的情绪会给人带来什么影响。

其实，害羞可以分为不同的类型，一类害羞是因为陌生环境和陌生人物引起的焦虑情绪；另一类害羞才是孩子通常表现出来的害羞，这种害羞是因为自我意识发展到一定程度，开始区别自己和他人，是在人有了社会交往意识的时候出现的。

类型一

从年龄的发展阶段来说，这种类型的害羞一般出现在孩子3岁之前。这种类型的害羞是因为有新的刺激物或是新的人出现的时候，对环境的不熟悉引起孩子内心的焦虑。孩子会有各种担忧，比如，会不会有危险？我是不是安全的？从人类心理的发展来看，这种类型的害羞对幼小的个体是有保护作用的，因为这种情绪会让幼小的没有自我保护能力的孩子远离他不熟悉的人或者环境，客观上这样的孩子会更加安全。这个时候孩子可能会表现出害羞的行为，如躲起来、哭闹等。这种害羞常在年幼的时候出现，应对这种类型的害羞相对来说比较简单。通常情况下，最好有熟悉的环境或者熟悉的人陪伴他，孩子可能就会慢慢熟悉新的环境和新的人，从而慢慢缓解这种类型的害羞情绪。

育儿智慧板

我们可以看到，这种类型的害羞的关键是：孩子主要以陌生感、焦虑情绪为主，寻求的是安全感，孩子的行为表现是回避和躲藏。处理的关键点是提供熟悉的环境、熟悉的人，减少陌生感，增进孩子与新环境或陌生人的互动。

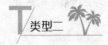

类型二

这种类型的害羞在儿童发展心理学的研究上被称为自我意识的害羞。

父母也许会问："什么叫作自我？什么叫作自我意识？什么叫作自我意识的害羞？"

心理学上提到的"自我"并不是我们通常所说的"自我"。我们通常所说的"自我"一般是指一个人很自私，以自我为中心。心理学上的"自我"针对个体来说就是回答"我是谁"的问题。如果从儿童发展的观点来看，半岁之前的儿童会"吃"自己的手指和脚趾，这是因为婴儿分不清楚自己和外界的区别，不知道手指和脚趾属于自己身体的一部分。他经常吮吸自己的手指，就像吮吸母亲的乳头一样津津有味，因为他把母亲当作自己身体的一部分。可见，婴儿还生活在主体和客体尚未分化的意识之中。婴儿一般在8个月龄左右，开始萌生自我意识。到1岁左右，儿童开始能把自己的动作和动作对象区别开来，初步意识到自己是动作的主体。例如，当他手里抓着玩具的时候，他不再把玩具当作自己身体的一部分。1周岁以后，他逐渐认识自己的身体，也开始意识到自己身体的感觉。不过，他只是把自己作为客体来认识，他从成年人那里学会使用自己的名字，并且像称呼其他东西一样地称呼自己。一般到2岁左右，他逐渐学会用代词"我"来代表自己。自我意识在人类心理发展过程中有至关重要的作用。

自我意识就是个体对自身的认识和对自身与周围世界关系的认识，就是对自己存在的觉察，甚至是对自己存在的评价。认识自己的一切，大致包括以下三方面的内容。

（1）个体对自身生理状态的认识和评价。孩子会评价自己："我很胖""我的个子不高""我的头发很长""我很漂亮""我是一个女生""我现在很累"等。

（2）对自身心理状态的认识和评价。例如"我是一个能力很强的人""我的性格很急躁"等。主要包括对自己的能力、知识、情绪、气质、性格、理想、信念、兴趣、爱好等方面的认识和评价。

（3）对自己与周围关系的认识和评价。例如"我是一个班长""我很受大家的欢迎""大家都愿意帮助我，我人缘真好"等，主要包括对自己在一定社会关系中的地位、作用，以及对自己与他人关系的认识和评价。

心理学上还有一个有趣的关于自我意识的实验，实验的目的是测验儿童自我意识是否已经形成。实验是这样的：先让儿童对着镜子照一会儿，让孩子熟悉镜子中的情况，然后在孩子的鼻子上点一个红色的印记，再让孩子接着照镜子。如果孩子看到镜子中的自己之后，注意到镜子中新出现的红色印记，并且去触摸镜子，那么孩子还没有形成自我意识，因为他觉得镜子中的是另一个孩子，那个孩子有了变化。如果孩子的反应是去摸自己的鼻子，那么就说明他已经知道这个新出现的红色印记是在自己鼻子上的，那么孩子就有了自我意识，这说明孩子知道镜子中的是他本人。一般来说，1岁半是一个分界线，小于1岁半的孩子通常来说还没有形成自我意识，大于1岁半的孩子可能已经形成了自我意识，当然每个孩子的具体情况不一样。

当有了自我意识之后，自我意识的情绪就伴随出现了。父母可以观察到，孩子1岁半之后开始有害羞、内疚、骄傲等情绪的表现。自我意识情绪不仅仅是简单的人类情绪的反应，更是对"他人是如何看待我们自身的"这个问题的一种反应。自我意识的情绪是由自我参与的一种更高级的情绪，这些情绪关系到对自我意识的伤害或增强，因此统称为自我意识的情绪。自我意识的情绪在调节和激发人类思想、情感和行为中起着重要的作用。

什么叫作自我意识的害羞？这种害羞是因为出现了和他人的比较，比如害羞的孩子担心的是什么？他担心的是：我成了别人注视的焦点。这个时候，大家都在看着我，于是自我意识的害羞出现了。自我意识的害羞是社会性的，是当人们发现了自己和他人有区别的时候才会有的情绪。

除了害羞之外，自我意识的情绪还有什么？比如自豪、嫉妒等都是自我意识的情绪，因为这些情绪中都牵扯到自我，最关键的地方是有了自己和别人的一个比较。对待这种自我意识的害羞，或者叫自我意识层面上出现的害羞（属于社会性的），需要父母运用一些方法来帮助孩子克服。

害羞的作用

害羞是不是都不好?

害羞在大脑中有怎样的机制?

害羞是自我意识的情绪,它有什么社会功能?

为了回答这些问题,我们现在想象这样一个场景。假如有一群猴子,它们正在为了争夺"谁是猴王"而打架。有一只非常强壮的猴子,打败了其他猴子,那这个打赢了的猴子就很自然地成为这个猴群中的王,于是它非常骄傲。这时,打输的猴子就可能出现害羞、退让等表现和情绪。我们想象一下:这时,打输的猴子气不过,有一些激动的情绪和表现的话,那它自己就会吃亏。这个打赢的新猴王,肯定还会继续揍它。而只有输了的猴子出现这些羞愧等自我意识的情绪，新猴王才会觉得："那就放过你吧，因为你输了，也表示出羞愧，我就不再管你了。"所以输了的猴子就可以继续生存下去。这就是自我意识的情绪的社会功能。

有时候孩子出现自我意识的害羞时，父母不要过多地指责孩子。我们可以尝试接纳孩子的这种情绪，了解这种害羞是社会适应的产物。当然父母有时还是比较困惑，他们希望孩子能够大方一点，希望家里来了客人，孩子能够去接待一下；希望孩子到舞台上，能够进行正常的表演；希望孩子上了台，能够把自己的演讲完成。针对这些希望，父母需要有一些具体的方法来慢慢引导。

自我意识的情绪还可以帮助我们来理解别人。如果孩子看到了别人表现出不好意思、低头害羞的情绪，那么孩子就会懂得原来对方害羞了，因为孩子自己体会过害羞。这个时候，孩子就会知道自己最好不要去取笑别人，而是理解对方，给对方一些时间和空间。这就是孩子进入社会，进行社会交往和社会化必须经历的一个过程。如果没有自我意识的体验，孩子对其他人的理解会差很多，自我意识的情绪也是心理学上讲的同理心的一个基础。

总而言之，自我意识的情绪中的害羞的具体作用是：

（1）在社会生活中让别人理解自己，对自己的生存有帮助；

（2）在社会生活中自己可以理解别人，和对方产生共情，从而采取对方能接受的方式与之互动。

让孩子拥抱害羞，勇敢表达

父母如何去帮助孩子，让孩子拥抱害羞，勇敢地表达自己？这里根据实际的临床经验给家长朋友们如下建议。

建议一

引导孩子接纳这种害羞的情绪。

具体做法如下：父母可以和孩子一起谈谈，害羞时的感受。当父母静下心来听孩子说他害羞时的感受时，孩子可能会告诉父母："我害怕别人的眼睛""我觉得别人都在看着我""我害怕老师不喜欢我""我害怕我说错话""我害怕别人会笑话我"等。当父母和孩子具体地谈害羞什么，即害羞的主要内容时，父母就会理解孩子。而当孩子说出这些以后，害羞情绪可能就会得到缓解。孩子觉得说出来后心里很愉快。这是一个很好的方法，在良好、真诚的氛围下，父母和孩子一起谈谈害羞的感受。

育儿智慧板

谈感受是接纳害羞、直面害羞的第一步。谈完感受之后，我们可以和孩子一起谈谈这种情绪对我们的影响。有正面的影响，例如获得别人的理解和帮助，同时理解别人的情绪等；也有负面的影响，例如不知道如何处理、事情进行不下去等。客观冷静地分析害羞是第二步。有时候考虑到孩子年龄太小，不善于客观冷静分析，父母可以引导孩子去思考。包容害羞是第三步，就是认为这种情绪是正常的，我们应该包容害羞。孩子出现害羞的情绪是正常的，可以慢慢地调整和克服。

建议二

父母可以鼓励孩子去帮助别人。

孩子害羞的情绪，属于一种自我意识的情绪。自我意识的情绪的关键核心点是孩子的注意点全都集中在他自己身上。我们鼓励孩子去帮助别人，当孩子帮助别人的时候，他的注意点就转移到别人身上，这样有利于孩子忽略自己身上的注意点，所以孩子就没有特别注意到自己是不是害羞，而且孩子帮助别人也会觉得很愉快。

建议三

父母可以和孩子一起谈谈自己害羞的经历。

比如，父母告诉孩子自己第一次去求职的情景。第一次去面试的时候，自己为什么害羞？害羞的感受是什么？让孩子觉得："哦！原来自己眼中完美的爸爸妈妈，也有害羞的时候。所以我害羞也没有关系，很正常。"

建议四

父母要鼓励孩子的每一个小小的进步。

父母有时可能会不自觉地说："你看看×××，他做得多好！"说这句话的时候，父母带给孩子的是打击。我们应该看到孩子身上的闪光点。比如孩子有了一个小小的进步，即这次他的眼睛敢看别人的眼睛了，而以前他从来不敢看别人的眼睛。我们能够及时发现，给予孩子反馈："你今天进步了，你敢看着同学的眼睛说话了，这太棒了！"所以父母一定要记住自己孩子的闪光点，而不是总说别人家的孩子是怎么优秀的。

建议五

多给孩子一些锻炼的机会。

孩子只有在熟悉的环境中才会越来越自信，才会不害羞，才会勇敢地表达。所以父母尽量给孩子多一些锻炼的机会，少替孩子做事情，鼓励孩子自己多做，这样能让孩子更加熟练和自如。

给孩子营造大胆表达的环境

建议六

请父母说话时注意自己的措辞。

例如，父母可能当着别人的面说："我们家的小朋友太害羞了。"这时候父母给孩子的定义是"害羞"，建议把这个词换掉，父母可以说："请你们谅解一下，我们家的小朋友要慢慢地适应，他可能有些腼腆。"父母可以用"慢慢地适应""有些腼腆"或者"可能还有一些不适应"来代替"害羞"这个词语，这样给孩子一个成长的机会，而不是带上父母给他贴的"害羞"标签。

建议七

父母切记不要太过着急，与其把孩子这种"社交之花"扼杀在萌芽时期，不如多一些耐心，静静地等候它开花结果。

建议八

父母尽可能地让孩子多参加正式的表演。我们有时候有个误区，孩子在学习某种艺术特长之后，就应该会表演节目。有的父母不管谁来到家里，或者不管什么场合，在孩子没有任何准备的情况下，突然对孩子说："你来弹一首钢琴曲"或"你来表演一段舞蹈"，这样孩子也会比较排斥，因为给孩子的感觉是自己就是父母展示给别人的用于炫耀的工具。父母这样随便叫孩子去表演的方式是不恰当的。父母应该尊重孩子，同时给孩子一个能够正式表演的环境。比如有真正的舞台、认真观看的观众，然后再和孩子沟通，请孩子进行表演。正规的舞台、认真的观众，才能鼓励孩子，让孩子有成就感。这样也会强化孩子，下次在这种场景中会更勇敢地去表达。

希望以上的建议能够帮助到父母，让孩子勇敢地接纳害羞，同时勇敢地表达自己。

密码五

情绪管理有良策

父母的表率作用

所有父母都希望自己的孩子有很好的情绪管理能力。父母如何培养出高情商的孩子？首先要从父母自己做起。

我们一起来想象这样的场景。比如，现在是早上7点55分，我们需要马上出门，如果再晚一点肯定会迟到，而且路上也会非常拥堵。这时候我们心里很着急，孩子突然说："妈妈，我不想去幼儿园了。"我们可能就很生气："为什么不想去幼儿园？""我就是不想去幼儿园了。"孩子也说不出原因，开始闹情绪。我们可能就急了，语言、动作都会不由自主地改变。我们都察觉不到自己的声调会变得很高，讲话频率变得很快。往往在父母很激动的时候，孩子可能就开始哭了："我就是不想去幼儿园！"那我们怎么办呢？我们会说什么呢？我们的情绪会不会更加难以控制？如果我们说：

"不行，我还约了人开会。""那我不管，我就是不想去幼儿园了！"孩子还在坚持。而且我们越着急，孩子就越不听话，仿佛故意和我们作对。在这种情况下，孩子和父母的情绪都非常差，那么我们应该怎样来处理这类事情？有什么方法可以提高孩子和我们自己的情绪管理能力？

当父母的情绪难以控制的时候，要想到孩子正在耳濡目染地学习和模仿。心理学家班杜拉设计过一个实验：让一个儿童和一个成年人待在一个房间里，这个儿童可以自由地做各种事情，如玩玩具等。同时，这个成年人攻击房间里的一个沙袋，手打、脚踩、用力推倒，甚至用锤子敲打。研究人员在另一个房间通过单向反光玻璃观察儿童的行为。表面上，儿童并没有去看这个成年人在做什么，看起来他在玩玩具。等到这个成年人离开，剩下儿童自己在房间的时候，大部分的儿童都会模仿刚才那个成年人的行为——攻击沙袋。这些攻击行为包括成年人刚才所使用的用手打、用力推、用脚踩、用锤子敲打等。在实验中，如果与孩子同处一室的成年人没有出现攻击行为，儿童在单独留下的时间里出现攻击行为的概率就很小。

育儿智慧板

这个实验说明：儿童的行为习得部分是在模仿成年人。所以，父母一定要注意自己的言行举止，因为我们的情绪控制和管理是时时刻刻被孩子学习和模仿的。

良好的情绪管理对孩子的成长十分有益

在现实生活中，高情商的孩子一般会有以下收益。

收益一

高情商的孩子的社会关系会比较好。

心理学的研究表明，如果孩子的情绪管理得很好，那么他在社会中会交到很多朋友，他的社会关系也会处理得很好。社会关系是决定一个人的主观幸福感和生活满意度的关键点。当我们有良好的社会关系时，我们就会觉得自己的生活比较幸福。

收益二

情绪管理会逐渐影响孩子的性格。情绪控制和管理得好的孩子，在生长和发育过程中，会塑造比较良好的性格。这种孩子的性格比较温和，会让他交到很多朋友。一个人的成功，可能与智商有关，同时，情商也很重要。从某种程度上来说，这是有一定道理的。

收益三

情绪管理得好的孩子，相对来说身心更加健康。有关人员在研究青少年行为问题的时候发现：情绪管理得不好的青少年更容易有上网成瘾、抽烟、酗酒、吸毒等不良行为。因为当青少年有不良情绪的时候，他不知道怎样管理，或者不知道怎样处理这种情绪，就会借助于外物，比如烟、酒或者

嫉妒就是一种常见
的负面情绪

毒品等来疏解自己的情绪。青少年长期采取这种方式处理负面情绪，会形成一些问题行为。甚至有的孩子不知道怎么处理情绪，就用一些网络上虚拟的成功来麻醉自己。由此我们可以看到，情绪管理对孩子的身心健康是很有帮助的。

父母管理的风格塑造孩子情绪的类型

当遇到孩子情绪不好的时候，父母一般会有以下四种管理风格。

风格一

忽略型父母。忽略型的风格是指父母总觉得时间是解决一切问题的良药。这种风格的父母在孩子出现情绪失控时会置之不理，孩子哭闹就让孩子自己排解，是一种典型的风格。

风格二

压抑型父母。当孩子情绪失控的时候，压抑型的父母可能会说："不许哭了，再哭我就打你！"压抑型的父母在行动上会有打骂行为，表达的是："我制止、禁止、压抑你的情绪表达。"

比如，我们观察到有的男生的父母对他说："你是男孩子，就应该勇敢，不应该哭。"我的一个来访者，他已经快40岁了。他的父母在他很小的时候就压抑他的情绪表达，总是说："你是个男孩子，你不能哭。"所以他告诉我，在他小时候，他的妈妈当着他的面拿着他自己的压岁钱给他的表妹买礼物。他当时很伤心，他妈妈发现以后说："你不能哭！"现在他40岁了，当过兵，但是他到咨询室对我说这件事的时候，他的眼泪都快流出来了。这说明他还是很在意这件事的，虽然当时他的父母不让他哭，不让他表达负面情绪，但是这块石头一直压在他的心底，直到他成年之后，这份压抑才得以释放。这就是压抑型父母给孩子带来的心理创伤。所以父母不要让自己的爱变成了一剂毒药，深深伤害自己的孩子。

 风格三

放任型父母。放任型风格的父母在孩子有不良情绪的时候通常会说："你的负面情绪出现了，我什么都依你。"比如孩子哭了，父母为了哄孩子："你不要哭，我什么都满足你。"这样的孩子得不到成长。虽然孩子出现负面情绪时父母理解了他，同时也接纳了他，但是没有给孩子一个行为准则。孩子不知道应该怎么做，所以这类父母叫作放任型的父母。处于负面情绪中的孩子只是情绪上暂时得到了缓解，但是并没有学习到如何解决问题。下一次出现负面情绪的时候，孩子依然不知道该如何处理，甚至还会习得一种任性、撒娇的行为模式。

风格四

这种风格是我们所提倡的，即情绪管理型父母。情绪管理型的父母在遇到孩子出现负面情绪的时候，会用积极的情绪管理方法来处理。

如果将这四种风格的父母放在同一种场景中，如父母马上要上班了，孩子在出门前突然不想去幼儿园，我们来看看这四类父母的表现分别会是怎样的呢？

忽略型父母会说："别哭了，我给你去买个大蛋糕！"

或者说："你只要想去幼儿园，我给你买个新玩具！"忽略型父母不会在意孩子的负面情绪，而是用另外一个新刺激或者新东西转移孩子的注意力。这种方法有时候表面上是有效果的，但是孩子没有在这次负面情绪的处理中获得成长。

忽略型父母在这种情形下，可能还会说："走吧！"即使孩子哭了也不管，不给孩子反馈，直接抱着孩子塞到车里送到幼儿园。这种风格的特点是漠视孩子的情绪反应，这种类型的父母处理孩子负面情绪的方法本质上是一种忽略行为。

压抑型父母一般会说："不许哭，再哭我就揍你，必须上幼儿园！"有时候甚至会有行为上的粗暴表现，比如打骂孩子。

放任型父母可能就会顺从孩子的需要，比如孩子说："我不愿意去幼儿园了。"放任型父母就说："好的，不上就不上吧，那妈妈今天也请假，今天的会我也不去开了，我就留在家里陪你。"这个孩子的愿望暂时得到了满足，但是他以后再遇到这种负面情绪的时候，就会觉得整个世界都得围绕他转，所有人都要去配合他的负面情绪。这样的孩子能成长吗？如果父母总是用这种放纵的方法去教育孩子，可想而知这类孩子会变成什么样子。

情绪管理型父母是我们所提倡的。这类父母在遇到孩子不想上幼儿园的时候，会去共情、理解孩子，会对孩子说："你不想上幼儿园，是不是你想和我待在家里？"也许这个时候孩子会说："是的，我想和你待在家里。"这时，父母可以表示惋惜和理解地说："我也很想和你待在家里。""那你就和我待在家里吧。"那么，父母可以进一步说："可是有同事在等着我开会。不如我们想象一下，咱们周末的时候一起待在家里会做些什么吧！"这个时候，情绪管理型的父母用到了一个替代场景，虽然这个场景是想象的。替代发生在父母接纳了孩子的情绪之后，用一个可以实现的场景，比如周末父母就可以待在家里了，那孩子可能就会很感兴趣，引导孩子具体想象一下和父母待在家里的时候可以一起做什么事情。进一步引导孩子想象，我们可以一起看书、一起去公园。当父母听到孩子的各种建议后，父母可以说："太棒了，我们一起待在家里的时候，可以看书、去公园。"在此我们可以看到情绪管理型父母和其他类型父母的本质区别。

情绪管理型父母在最后要给孩子一个可以操作的符合社会要求的行为。以一种孩子可以接受的方式告诉他："我们现在该怎么办？"父母要告诉孩子："你看，我马上要迟到了，你也马上要迟到了。"引导、教育孩子：任何人的行为都是要有边界和规范的，要符合社会的需要，我们今天不应该留在家里，而是应该按时上班、按时上学。这样父母就做到了高效的情绪管理，同时也和孩子进行了一场高效的交流。孩子也会在这场交流中感受到自己的情绪被人理解，同时学习到社会的规范和标准，为自己的行为去适应社会的实际生活做出了调整。这样，孩子的社会适应能力才能逐步提高。

情绪管理型父母的操作步骤

在上面介绍的四种类型的父母中，所有父母当然都希望成为情绪管理型父母，但是怎样才能做到？其实，可以通过以下几个步骤来实现。

 步骤一

父母需要观察和理解孩子的情绪。因为7岁以下的孩子实际上还不能够清楚地知道自己的情绪。当孩子有情绪反应的时候，父母需要观察孩子产生了什么样的情绪，是高兴、伤心、害羞，还是嫉妒。在这里，父母可以具体参考电子工业出版社出版的《接纳力》这本书，书中"接纳是一种力量"这一章很详细地阐述了如何去观察孩子的情绪。父母首先要能识别几种主要类型的情绪，要花时间和孩子在一

起，熟悉孩子的言行举止，对孩子特殊的情绪反应有所察
觉。

父母应该在孩子有负面情绪的时候，把它看作一个成长
的机会。当孩子哭闹的时候，其实也是很多父母很害怕很头
疼的时候。父母会觉得不知道怎么处理。这个时候父母自己
的情绪往往也开始变得很负面。所以当孩子有负面情绪的时

儿童的负面情绪有积极力量

候，父母应该把它看成一个与孩子共同成长的机会，并且抓住这个机会。从另一方面来说，这是一件好事。

育儿智慧板

孩子开始产生负面情绪时，恰恰是父母引导和指导孩子的良机。当父母有这个观点的时候，就会接纳孩子的负面情绪。有时候，父母可能有一些沮丧，孩子发脾气或者不理父母，会让自己很受挫，同时自己的情绪也很难控制。所以这个时候，父母就可以将这种情绪失控看作对自己的一种锻炼，一次成长的机会。

父母要认真地倾听和沟通。在这里，父母可以参考《接纳力》一书中"倾听"那一章节。里面详细地介绍了父母如何倾听和与孩子沟通，里面有很多具体的方法可供参考。

父母可以给情绪做出界定。由于孩子年龄太小，对情绪的界定不清楚或根本没有界定情绪的能力。例如孩子伤心，可是孩子并不知道这个情绪就叫伤心。所以我们从上面提到的案例中可以看到，孩子不想上幼儿园了，原因是他想留在家里和父母待在一起。这个时候父母可以告诉他："你不想上幼儿园是因为你想和我待在一起。当你不能和我待在一起的时候，你感到了伤心，是这样吗？"孩子可能会说："哦，我现在这个情绪就叫作伤心啊！"所以孩子就学习到了怎样定义情绪。父母需要帮助孩子界定情绪，尤其是低幼龄儿童。由于低幼龄儿童的语言正在发展期，表达就更加需要父母的帮助。父母也可以通过给孩子读绘本、讲故事，给孩子描述各种情绪。孩子接触到的情绪词汇越多，就越能厘清自己的情绪体验。

步骤五

父母在界定情绪之后还要给孩子一个行为的准则和边界。我们前面讲述了需要理解孩子的情绪、接纳孩子的情绪，如果孩子生气乱打人、乱扔东西，这也需要接纳吗？不是的。父母接纳的是孩子的情绪，而不是孩子表达情绪的方式。父母要清晰地告诉孩子："你可以伤心，但是你不能摔打东西，不能伤害别人，因为这是社会规范所不允许的。"

任何人的行为都要有边界和规范。引起孩子情绪的问题最终还是需要孩子自己去解决，谁也不能替代孩子本人。而孩子解决问题是需要想办法的。好的办法是孩子在情绪平静之后自己思考出来的。

这一点也是情绪管理型父母区别于其他三种父母的关键。情绪管理型父母区别于忽略型父母、压抑型父母和放任型父母的关键就是最后步骤中给到孩子的具体的可执行的方法。情绪管理型父母告诉孩子情绪没有好坏之分，但是行为是有边界和准则的。

本章讲述了如何培养孩子的情商，希望能够给到家长们具体可以操作的方法，也期望家长通过这些方法，在实际生活中能够更好地培养孩子的情商。

密码六

告别拖延，让孩子"高效"起来

拖延带来的困扰

作为父母，是不是总被这样一个问题困扰：孩子太拖拉了，做什么事情总是磨磨蹭蹭的，耽误很多时间，父母非常着急却又不知道该如何改掉孩子拖拉的毛病。也许父母会经常遇到下面的场景。

 场景一

从早上6点多就开始叫孩子起床，孩子却怎么也不起来。直到父母生气了，孩子才磨磨蹭蹭地起来，然后开始挑剔衣服。孩子总有各种埋由："这件是昨天穿过的，要换一件。""这个不好看。""这个太紧了。""这个不舒服。""我要自己选衣服。"孩子在选衣服这件事上又花了很长时间。从起床到穿好衣服用了半个小时，相信这个时候的父母已经开始

难以控制自己的情绪了，能够忍耐的极限很快就到了。然后孩子开始如厕、洗脸、梳头等。如果孩子配合还好，若不配合，每一个环节都足以让父母抓狂。例如年幼的孩子不会自己擦屁股，需要父母的帮助，擦了之后，孩子却说没有擦干净，需要重新擦，而且孩子会生气、哭泣。梳头这个环节，如果是小男孩，时间还短一些，如果是长头发的小女孩，就很麻烦了，稍微不舒服马上就哭哭啼啼，闹个没完。父母一想到7点半以后的交通将十分拥堵，便心急如焚。但是孩子就是不着急，做什么事情都是不温不火、慢悠悠的。父母有时候发现孩子很得意能让父母着急，好像不关他的事情，甚至还会以此为要挟来提出一些要求，比如要吃这个、要买那个。这个时候，父母真有一种快崩溃的感觉，恨不得把这个拖拉磨蹭的孩子揍一顿。

上面的场景是一个非常典型的父母和孩子在早上互动的场面。所以有的父母一提到早上送孩子上学，就有诉不完的苦。很多父母都用"打仗"等词汇来描述上面的场景。

场景二

第二个场景是孩子写作业。孩子下午4点就放学了，到家之后，先说自己肚子饿了，吃一会儿零食。然后开始东摸摸、西摸摸，总之就是不做作业。很快到了吃晚饭的时候，吃完晚饭6点多，孩子要先削铅笔，削了5支后，父母很着急地说："你快点抓紧时间做作业吧！"并会反复地催促孩子。在动笔写作业之前，孩子说："我要核对一下，老师在微信群里面发的作业是不是这样的。"孩子让父母给他打开

写作业中常见孩子拖延

手机，在微信群里看一下这个信息，看一下那个信息。时间很快到了8点，孩子还没开始写作业。父母非常生气："你必须马上写。"这时孩子才开始写作业，写的时候玩一下这个，玩一下那个。本来最多只要半个小时就能做完的作业，孩子却拖到晚上9点半，甚至10点才做完。父母的忍耐已经到了极限，那种沮丧和无奈难以言喻。每当作业做到很晚，孩子就会睡得晚，早上又起不来，这种恶性循环让父母非常痛苦。父母有时候扪心自问："我的孩子怎么这么拖拉，这么不讲效率呢？"

家长朋友们，你们有没有碰到以上的情况？让我们一起来看看孩子拖延背后的原因吧！

拖延的心理

1. 拖延是孩子的个体独立宣言

心理学家发现，1岁半到3岁的儿童在心理发展阶段上是自主对害羞的关键期，这个阶段的儿童需要回答的心理发展问题是："我能独自行动吗？"我们试图从这里理解此阶段的儿童为什么拖延，而且在这个阶段的儿童出现拖延行为是很正常的。因为儿童试图通过拖延来告诉大人："我是一个可以独自行动的人了，我可以干很多事情。我要自己说了算，我要自己做，我才不要听你的。"这是儿童的语言，用成年人的语言来说就是："我是一个拥有自主权的人。我根据自己的选择行动。我没有必要按照你的规定或者要求来做事。"孩子以自己能独立而骄傲，不做任何妥协，因为孩子想证明没有人可以强迫自己，违反自己的意愿。拖延代表"我不想起床就不起床，我不想穿这件衣服就不穿这件衣服，我想穿什么就要穿什么"。其实穿什么衣服并不重要，重要的是孩子不想穿父母安排的衣服，要穿自己选择的或者是自己认同的那一件才行。

2. 拖延是孩子与父母关于控制感的较量

对于每个成年人来说，对自己的生活具有一定的控制感是十分重要的事情，同样，对于孩子来说也同样重要。在心理学上，3～6岁的儿童在心理发展阶段是主动对内疚的时期，如果能够成功地回答"我能成功执行自己的计划吗"这个问题，将对孩子的自我建设起到很好的作用。但是在这个年龄阶段，同样重要的是在社会化的过程中，我们要学会遵守那些不是我们自己制定的规则，并顺应别人的要求。这个矛盾和冲突体现在儿童身上就是如果不能按照孩子自己的规则行事，那就不做了。所以孩子不愿意起床、不愿意洗脸梳头，表现出不情愿的样子。

对于控制感的争夺，处于绝对弱势一方的儿童往往通过拖延来对付强势的父母。在孩子的潜意识里，通过拖拖拉拉可以让父母感到烦恼和痛苦，孩子在父母面前就表现得不受控制，因为父母自己都控制不了自己的情绪。孩子的内心可能在想：看到了吧，爸爸妈妈不能逼着我在几点钟之前准时出门，我要按照自己的意愿去做。拖延让孩子下意识地感到自己更加有控制感。孩子还可以侥幸地发现，有时候拖延可以让父母变得妥协、让步。孩子心里想：我还可以提出自己的要求。所以当孩子拖延的时候，父母越痛苦，孩子可能在这场隐形的战争中越有胜利的感觉。而且越是有自主性的孩子，就越有可能使用拖延的办法来与父母进行抗争。表面上很温顺的孩子最有可能利用拖延来与父母对抗，因为表面上

儿童通过拖延来反抗父母的控制

孩子还是很努力地做事情，也没有和父母直接对抗冲突，实际上无声的反抗已经在进行了。

3. 拖延的本质是冲动

针对儿童的拖延，心理学家做了一些深入的研究，研究表明：拖延的本质是冲动。大家可能会觉得比较奇怪，拖延怎么和冲动有联系？其实在我们人类进化的很长一段时间里，食物缺乏，不能满足所需的能量，所以当我们看到食物，或者看到能够满足我们的东西，就有一种本能，要立刻满足自己，想把食物吃到自己的肚子里，这样才能活下去。所以在进化的过程中，人类变得非常冲动，但这种冲动有益于种族的存活。那么和冲动相对的概念叫作"延迟满足"，就是不即刻满足，要克制冲动，要经过等待才能得到满足。

关于延迟满足，有一个非常经典的棉花糖实验，该实验由美国斯坦福大学的心理学家主持。具体的内容是：在实验室里，实验老师告诉孩子（年龄从1岁半到4岁都有），现在给你一颗棉花糖，如果你可以等一会儿再吃掉它，我回来以后就会再给你一颗棉花糖，你就有两颗棉花糖了。当然，如果我回来的时候，你已经把这颗棉花糖吃掉了，那我就不会给你另外一颗了。之后，实验老师离开房间，同时，另一个房间的研究人员可以观察到孩子单独留在房间里的行为表现。

实验结果发现，有的4岁左右的孩子能够坚持十几分钟，最长的可以坚持15分钟。有的孩子坚持不到2分钟。有的孩子甚至还没等实验老师走出实验室，就把棉花糖吃掉了。这个实验很有趣，可以用第一颗棉花糖留存的时间作为测量指标。实施这个实验的心理学家自己的孩子也在这批实验对象中。实验者进行了追踪研究，一直追踪到他们考大学、成人、结婚、生子，最后发现一个很有趣的结果。实验者从这些孩子中分出两组，一组是延迟满足时间较长的高分组（等待时间长于8分钟），另一组是延迟满足时间较短的低分组（等待的时间短于2分钟）。发现这两组孩子有很大区别。高分组的孩子在中小学阶段更受同学们的欢迎，老师也更喜欢他们。他们的学习成绩更好，SAT平均成绩比低分组孩子高出210分（SAT是美国的高考，总分2400分，有三部分内容，分别是数学、逻辑和写作，每部分的分数都是800

分）。在专业选择上，高分组的孩子偏重于智力型，而低分组的孩子上大学的比例较少，多从事体力劳动型的工作。从收入上来看，高分组孩子的收入也明显高于低分组。高分组的孩子有更好的职业前景。同时，高分组孩子的婚姻状况更好，离婚率也更低。高分组的孩子在成年之后身体更健康，比如患高血压和肥胖的概率都要低于低分组的孩子。在不良行为问题上，高分组的表现也优于低分组，比如吸毒等不良行为，高分组孩子的出现率远远低于低分组的孩子。

我们可以看出，能够延迟满足的孩子是不那么冲动的，孩子延迟满足的能力让他获得更大的收益。因为孩子在围绕一个目标工作的时候，不会很容易地被一时的冲动所影响，能够克制自己，专注于目标，直到目标实现。

拖延还和孩子的大脑发育有着很密切的关系。有研究表明，引发人类冲动的生理基础位于大脑的边缘系统。人类的冲动还未到达大脑皮质就已经开始反应。所以人类的第一反应是一种下意识的行为，需要立刻去满足。生理上，大脑皮质的前额叶是负责管理整合控制的，延迟满足的区域就在大脑皮质的前额叶上，而大脑皮质的前额叶实际上要到20岁才能真正发育成熟。

例如，儿童耐心的发展过程：

1岁的孩子看到堆好的积木时，会马上推倒它。

2岁的孩子看到堆好的积木时，可以等20秒再去推倒它。

3岁的孩子看到堆好的积木时，可以等1分钟后再去推倒它。

5岁、6岁的孩子可以比较有耐心地看到积木搭好，然后欣赏它，最后再去享受推倒积木的过程。

所以，随着孩子的成长，他的控制能力会越来越好。到了20岁，在前额叶完全成熟后，才能够完成这种延迟满足，进行自我控制和管理。只有在生理成熟的基础之上，人的自我控制管理的能力才能真正完善，所以父母也需要多些耐心。

4. 主观时间和客观时间不统一

时间是一个很复杂的概念。一般来说，有客观存在的时间，还有主观感受到的时间。人类对时间有自己独特的感受，而且很多时候是不可量化的，也无从比较。这种"主观时间"是相对于客观时间之外的时间经验。就像爱因斯坦的相对论提到的，有时候感觉时间过得很快，有时候感觉时间过得很慢。主观时间的一个变体是"事件时间"，例如"晚餐之后开始学习""洗澡之后看看书"等。一般来说，成人可以将主观时间和客观时间结合得很好，但是儿童就不一定能做到。我们会常常听到孩子说："我还要玩一下，游戏还没有结束。""我想看书，第二本书还没有看完。"等。

儿童的时间感知有一个发展过程。婴儿时期，孩子的生活完全处于当下这个时刻，时间上完全是主观的。婴儿不会在意客观的钟表上的时间，什么时候他饿了，就需要进食。时间对于婴儿来说仅意味着从上一次进食到下一次进食的间隔。

幼儿时期，孩子会慢慢了解什么是过去、现在和未来。当孩子饿了的时候，孩子开始知道要到吃饭的时间才能有食物。父母通过反复提醒孩子注意时间来让孩子从无客观时间的状态中走出来，并且开始认识客观时间，如钟表。让孩子体验时间，了解时间是客观存在的，我们都需要遵守客观时间。

所以，某些时候孩子的拖延是因为孩子的主观时间还没有与客观时间相统一。

告别拖延的良方

父母如何帮助孩子告别拖延呢？针对孩子的拖延，父母可以做些什么？根据上面分析的拖延原因，给父母几点建议。

S／建议一

第一个建议是要帮助孩子树立自信。父母要告诉孩子："你是可以做这个事情的。"而不是说："你做不了这个事情。"也许父母习惯了这样说："你肯定会迟到。""这就晚了！""这就坏了！""这就没办法了！"这种消极暗示可能造成孩子的信心不足，或者孩子将会自我实现父母的暗示。父母最好用积极暗示来替代这类消极暗示："我们只要努力就好了。""我们可以赶上的。""我们可以抓紧时间。""我们可以成功的。"用这些正面积极的语言去引导孩子，让孩子相信自己能够完成这件事情。父母的非语言信息也很重要，不要忽视自己的眼神、语气等。

建议二

第二个建议是帮助孩子进行时间管理。时间管理的训练，尤其是针对3 ~ 6岁的低幼龄儿童，需要父母考虑孩子的主观时间感受，用孩子可以听得懂的语言进行描述。如果父母告诉孩子"我们太晚了，还差5分钟就要迟到了"，孩子对5分钟是多长时间是没有概念的，他并不能准确地知道5分钟到底意味着什么。

这个时候，父母可以把时间具体化、形象化，比如可以利用沙漏（我国古代估算时间的传统工具）。因为古人在没有现代文明的时候，也需要对时间有所衡量。古人更加倾向于利用自然方法来感受时间。所以我们可以以此引导孩子树立时间观念，让他们感受一些基本的时间单位，比如引导孩子感知1分钟的沙漏的时间。所以当父母告诉孩子还差5分钟的时候，可以给孩子现场演示一下5分钟的沙漏漏完的过程，或者告诉孩子1分钟的沙漏反复漏完五次就是5分钟。现在市面上也有许多针对不同时间的沙漏，我们可以选择一个。同时引导孩子观察自然现象，例如太阳升起、太阳在头顶正上方、太阳下山等自然时间线索。依靠自然时间线索去感知时间，让孩子有生物节律的感受。

建议三

第三个建议是要让孩子自己赋予所做事情的意义。因为拖延的时候，往往是父母内心非常焦虑的时候。但是父母需要想想做这个事情到底是为了什么？比如在上面场景中送孩子上幼儿园。孩子上幼儿园是为了满足父母，让父母自己不焦虑，看着孩子走进幼儿园，自己大大地松一口气，可以休息一下了，还是说对孩子本身有什么重要意义？

所以可以从另外一个角度说："在幼儿园里，小朋友可以在一块玩，是孩子的一个学习、成长的好环境。"从而缓解父母内心的焦虑。因为孩子做这件事情是有意义的，能够激发孩子的主动控制力。

建议四

第四个建议是要帮助孩子远离诱惑。因为孩子在拖延的时候，一般会去看看电视、玩、吃零食。面对这些诱惑，孩子是很难控制的。既然孩子难以控制，那么我们就让这些诱惑尽量地远离他。在孩子做作业的时候不让他接触到电视、手机或零食。所以我们要给还没有强大自控力的孩子一个安静的环境，首先父母自己不要看电视、玩手机或者打麻将等。试想一下，如果父母在看电视，孩子能安心地写作业吗？

建议五

第五个建议是尽量训练孩子延迟满足的能力。比如孩子说："我想吃糖。"父母可以回应："吃糖是可以的，那你在吃糖之前需要跳绳10下。"父母不要立刻就去满足孩子，可以稍微用一些方法和技巧去训练他。因为孩子完成这个任务需要一定的时间，比如1分钟、2分钟，父母慢慢地加长这个间隔时间。最开始的时候不宜太长，因为孩子如果感觉太困难、不容易做到就容易放弃。我们可以从1分钟的短任务开始，慢慢地加长间隔时间。这样孩子可以学会等待，由此就训练了孩子的延迟满足的能力。

第六个建议是训练孩子的专注力。孩子拖延的时候，注意力不集中。那么怎么训练孩子的专注力呢？最简单的方法是借助需要注意力长时间集中的游戏或活动，比如书法、棋类等。还有一种方法就是与孩子沟通，训练他们关注自己的呼吸，这在心理学上叫作正念训练。如果让孩子的注意力集中到了关注自己的呼吸上面，通过训练，孩子专注的时间会越来越长。

第七个建议是倾听孩子的解释。有时候孩子拖延了，并且为拖延的行为进行解释。这个时候父母需要冷静下来，控制好自己的情绪，不要用讽刺性的语言来评价孩子，而是从考虑拖延总是满足了孩子心理上的需要入手。父母可以努力帮助孩子看到拖延背后真正的原因。只有探索到拖延给孩子心理带来的作用是什么，拖延满足了孩子的什么需要，并引导孩子用另外一种社会规范所能接受的方法来满足孩子的需要，才有可能真正帮助孩子找到一个最终的解决方法。

建议八

第八个建议是帮助孩子将一个大目标进行分解。把大目标分解成一个个的小目标。当孩子面对一个目标时，往往是不知所措的，他会感到困难，容易放弃。而且大目标往往需要很长时间才能够得到反馈。在没有及时反馈的情况下，孩子不知道自己做得好不好、对不对。所以协助孩子将自己的大目标分解成小目标，将小目标又分解成几个部分，这样对孩子来说，完成一个小目标或者完成一个小目标的某个部分就很好操作了。例如，孩子需要练1小时的钢琴，我们和孩子一起来分解这个目标，可以以10分钟为一个阶段或者以一个自然曲子为一个阶段，每做到一个阶段孩子就可以记录一下。父母需要有耐心地让孩子自己来分解，而父母的作用仅仅是引导孩子使用这样的方法，并不要代替孩子完成，因为如果父母在分解目标的过程中占比重太大，容易让孩子产生依赖性。

针对孩子的拖延，父母可以用上面的建议来帮助孩子告别拖延，以使其学习、生活更加高效。

育儿智慧板

父母一定要记住：事情是孩子自己的事情，而不是父母的。父母要让孩子学会的是怎么自己去分解目标。

密码七

儿童性教育巧引导

一个父母羞于与孩子沟通的话题

父母在一般情况下是很愿意和低幼龄儿童沟通各种话题的，但是可能有一个话题是父母从心底里想回避的，那就是关于"性"的话题。在现实生活中，有的父母直接问我："我可不可以不和孩子谈论这个话题？孩子年龄太小了。而且长大些，学校难道不会教他吗？生理卫生课应该足够了吧？父母怎么去跟孩子谈这个问题呢？"很多父母都会遇到这样的困境。

在中国的传统文化里，"性"这个话题是隐私的。从我们自己个人的经验中，通常从小得到的暗示是：不能公开谈论"性"；"性"是一件"羞耻、隐晦"的事情。没有人能够告诉孩子"性"是什么，孩子体会到的是大人对"性"或者与"性"有关的事情的态度，这个态度就是不好意思说或者禁止谈论。

父母是孩子的第一任老师，而且是孩子全方位的老师，可以从孩子小时候就观察到他们的需要。父母在孩子上幼儿园之前，与孩子相处的时间最多，有许多良好时机可以对孩子进行正确地引导。父母可以趁孩子提出"小宝宝在妈妈肚子里干什么""妈妈，你怎么生下我""我为什么站着尿尿"等问题的时机，和孩子一起科学有效地探讨关于生命和"性"的话题。当孩子自发提出这些问题的时候，他是很单纯天真的，并不是故意让父母难堪，父母需要及时把握住对孩子进行引导的最佳时机。

儿童对生命的产生
充满了好奇

对孩子进行性教育不是一定要父母很严肃刻板地教育。性教育有不同层面的内容：对性器官的认识、对性感受的认识、对性功能的认识和生命教育等，这些都是可以进行引导的。所以，不管愿不愿意，父母就是最适合孩子的第一位性教育老师。

孩子了解性知识的途径

在实际生活中，父母羞于和孩子谈论"性"，那么孩子是怎么知道"性"和了解"性"的？回答这个问题之前，我们可以想想，我们自己是怎么知道"性"的。我们从小到大，是在哪个年龄阶段知道真正意义上的"性"的？是怎么知道的？是通过他人教育，还是自己探索出来的？那么这些途径对了解"性"、了解"爱"，有什么帮助？假如现在可以重新开始，我们父母自己希望用什么样的途径去了解"性"和"爱"？如果我们都像自己的父母那样，只是在我们青春期的时候警告我们："不许谈恋爱。"就说这么一句话，那么我们的孩子怎么能够知道什么是"性"，什么是"爱"呢？如果父母很隐讳地说出这些话，对孩子了解"性"是没有任何作用的。如果没有通过正规的教育途径，孩子又会从什么途径知道"性"和了解"性"呢？

我们来分析现实生活中，孩子是怎样了解到"性"的。

第一种途径，孩子可以从一些渠道了解到"性"，即充斥在我们周围的多种媒介，比如电视、电影、网络中的作品，甚至有一些非正常渠道为了达到宣传或广告的效果，往往带有夸张、渲染的成分。这种渠道宣传的"性"是不真实的。

我有一个50岁的来访者，他已经有三次失败的婚姻了。这位来访者一直以为，淫秽录像中的那种性才是真正的性、真正的爱，他在夫妻生活中追求的是纯感官的刺激，并没有去建立与伴侣的情感连接，那么他其实是没有体会到身心和谐的性爱的。所以他在真实的生活中，觉得自己是不能被满足的，没有达到他理想的状态。

这就是典型的通过非正常渠道宣传的性知识给孩子造成不良影响的例子，孩子的道德、性道德和价值观都会受到深刻的影响。这种影响是非常负面的，不利于孩子以后的生活。

第二种途径，通常是孩子通过对自己身体的探索来了解。有时候孩子可能会进行一些对身体的探索。这个时候往往会给一些居心不良的人机会，或者让坏人有机可乘。真实的数据表明，这些坏人往往不是面目可憎的人，而是孩子周围的熟人，例如邻居家的大哥哥、"好心"的叔叔等。

我有一个来访者，是一位女大学生，非常优秀，但是她不愿意跟别人建立恋爱的亲密关系。她觉得一旦形成亲密关系，她就感到害怕，而且非常自卑。我在与她交流的过程中发现，她在七八岁的时候，她的邻居（她家楼上的一个大哥哥）对她进行了性骚扰。这个大哥哥对她进行骚扰的时候，通常会给她一块巧克力，因为她很喜欢吃巧克力，大哥哥就对她说："你让我摸一摸，你就可以吃巧克力。"就这样，这个大哥哥对她进行了隐私方面的侵犯。这件事情发生之后，她的父母非常生气，她的母亲还斥责她，觉得她是一个不干净的孩子。父母不但不去保护她，反而因为世俗的观点对受害的孩子严加指责，对孩子的心理造成了非常严重的影响，给她留下了严重的心理阴影。她觉得自己是不好的，所以总感到很自卑。当她试图建立正常健康的两性关系时，就出现了心理问题。

如果父母不作为第一位与孩子沟通"性"的老师，孩子可能会通过以上这两种方式，"无师自通"地了解到它，那样就会把孩子置身于危险之中。我们应该如何和孩子谈"性"呢？

父母与孩子沟通"性"的前提条件

　　首先父母要看看自己对"性"是怎么认识的，这是与孩子谈"性"的前提。

　　记得在我小时候，我们班里有一对双胞胎。有位实习老师来了以后，我们就和她交流，为什么会有双胞胎，而且这两个双胞胎长得很像。然后这位老师就告诉我们，这两个同学是同卵双生子，同卵双生子会长得很像，而异卵双生子就不会长得不像。这样，老师把学生的好奇和疑惑一下子就解决了，而且是用一种非常科学的方法让我理解了。我回家以后，就和我的妈妈谈论了这件事情。我说我们老师告诉了我们什么是同卵双生子、什么是异卵双生子。当时我的母亲用非常惊讶的眼神看着我，并质疑："老师怎么跟你们讲这些呢？"其实在这件事情上的态度就反映出我的母亲觉得这些知识是很隐晦、神秘的，是不能跟孩子讲的。

　　父母跟孩子谈"性"之前，自己怎么看待"性"是非常重要的。通过归纳，一般人对"性"有以下几种主要观点。

观点一

　　认为"性"是美好的，"性"是爱、灵魂、身体三方面交融结合的美好的产物，是一件美好的事情。这种观点是提倡父母们应该持有的观点。

观点二

　　认为"性"就是一种传宗接代的、延续生命的方法，只是为了生育孩子。这种观点在现代社会并不多见。

观点三

　　认为"性"是可以跟爱分离的，甚至极端的人还认为"性"和"爱"是可以交换和买卖的。

观点四

认为"性"是一种罪恶,是不洁的、肮脏的。这种情况可能出现在某些有宗教信仰的家庭中。

观点五

认为"性"就是一种简单地去追求快乐的手段,是一种纯粹的感官刺激。

父母是怎么看待"性"的?父母和孩子沟通的前提是什么?父母有什么样的前提,就决定了父母会用什么样的态度去和孩子沟通"性"的话题。父母在和孩子沟通"性"之前需要做好准备,先梳理清晰自己对"性"的观点和看法。

不同年龄段的性教育内容不同

　　"性"与生俱来，无论孩子年龄多大，父母都可以跟他沟通这个话题，而且父母自己最好先有一些准备。这些准备包括相关的知识储备或者相应的心理准备。当孩子突然提到某些与"性"有关的问题，父母也不会措手不及，不是顾左右而言他，总是找一些搪塞的词语来糊弄孩子。下面具体来看，父母要与各年龄阶段的孩子如何谈"性"，或者父母需要谈到什么样的程度。

　　2～3岁这个阶段，"性"对于孩子来说，只是身体的某些部分，而且孩子会在这个阶段初步形成一种性别角色的认同。我们可以跟孩子沟通的就是：你的身体是你自己的，你自己做主，没有你的同意，别人不可以抱你、亲你。父母需要将这些规则告诉孩子，让孩子形成自我保护的意识。

如果2～3岁的孩子用手触摸自己的生殖器官，父母一定不要过于焦虑和紧张，认为孩子是在手淫或者是别的什么。其实孩子在这个阶段是不知道"性"的，他绝对不是在做不好的事情。孩子抚摸生殖器官时可能身体上也会感觉比较愉快，但他是下意识的。这个时候父母应转移孩子的注意力，但要注意方法，不要大声地去斥责他。如果父母的反应过于激烈，反而让孩子有一种不好的联想。孩子会很矛盾，一方面自己很愉快，另一方面父母严厉反对。而且孩子可能会形成不好的印象管理，导致他觉得自己可能是不好的，是不被父母喜爱的。正确的做法是父母要态度自常地告诉孩子一个规则，就像告诉孩子"吃饭之前要洗手"一样，把它作为一个行为规则去告诉他，比如"你身体的某些部分是不可以让别人碰的，自己也不要去碰它，我们要好好保护它"等。建议父母用一种讲述其他规则时的态度和语气，告诉孩子这条规则就可以了。

如果2～3岁的孩子很兴奋地告诉父母："我可以上厕所了，我可以拉粑粑了，我可以自己脱裤子了。"这个时候，孩子绝对没有别的意思，他只是说自己可以自主地去完成一些工作和任务，孩子很想与父母分享。父母接受这件事情和接纳他"可以自己吃饭了"应该是一样的。父母只需要正常地接纳，不需要过多地往成年人的世界里考虑。可能父母要考虑到这个年龄阶段是对性别角色的认同的时期。父母可以正确地引导，简单地告诉孩子："女孩子需要上女厕所，男孩子需要上男厕所。"这样让孩子有一个上厕所的行为规范。

有时候，2～3岁的孩子可能会说出一些比较尴尬的词，尤其是在一些公共场所，当着别人面的时候会让父母觉得很害羞，或者是很尴尬。比如孩子可能会突然问："什么是性病？什么是做爱？"这个时候，孩子其实也不是故意去为难你，也不是故意去用敏感的话题在公共场所让父母难堪，孩子是无意识的。父母在这个时候应调节好自己的情绪，不要过于激动。要知道孩子问关于"性"的问题的时候，和他问糖果是什么味道的问题是一样的。父母有了心理准备，就能够应对孩子的这些问题了。

如果孩子已经3～6岁了，那么"性"对他意味着什么呢？这个时候，"性"意味着性别的角色，还有身体的不同。这个时候也是父母进行性教育的一个很好的时期。比如这个阶段的孩子可能会问父母一些问题："我是从哪里来的？""为什么你是男孩？"等。我的小女儿看到一张只有她姐姐和我们的照片的时候，她就会好奇地问："为什么我不在照片里呢？"然后她姐姐就告诉她："因为那时候你还在妈妈的肚子里。"然后她感到非常地奇怪，问："妈妈，你是怎么把我吃到肚子里去的？"所以，3～6岁的孩子可能就会问："我是从哪里来的？""我怎么会在你的肚子里？""为什么男孩站着尿尿？""为什么女孩蹲着尿尿？"孩子自发产生问题的时候往往是进行性教育最好的时机，父母可以抓住这些时机，用一些科普的方法告诉孩子，婴儿是怎么在妈妈的肚子里长大的。父母可以用一些辅助工具帮助自己把问题解释得更加科学，例如绘本。有不少的绘本是关于生命教育的，告诉孩子生命的诞生过程，例如绘本中描述爸爸的"小蝌蚪"如何遇到了妈妈的卵子细胞，"小蝌蚪"怎么进去，然后变成很小很小的·个胚胎，胚胎如何慢慢地在妈妈的肚子里长大。父母可以用一些科学知识去跟孩子沟通。同时，3～6岁的孩子也需要父母不断地去规范他们对身体的各种行为，比如需要反复地强调："你的身体是你的，如果没有你的允许，即使医生要给你做体检，也需要爸爸妈妈同意，或者爸爸妈妈在场的时候，医生才可以检查你的身体。"让孩子牢记保护自己身体的方法，提高孩子自我保护的意识。孩子只有自己能保护自己，才是真正意义上的保护，因为再强大的父母也不能保证每时每刻都和孩子在一起。

3～6岁的孩子还会出现的一个情况是孩子知道自己的性别是"固定"的，是不会变化的。孩子通常知道，如果他是男孩，那么他长大以后就会成为"一个爸爸"；如果她是女孩，她长大以后就会成为"一个妈妈"。

3～6岁的孩子也知道性别发展的趋势和结果，男孩可能也有一种想娶妈妈做妻子的想法，而女孩也有想嫁给自己爸爸的想法。3～6岁的孩子出现这种想法是很正常的，是儿童性别角色的内化和认同，爸爸妈妈没有必要大惊小怪。

3～6岁的孩子还有一个特点是他们并不是十分理解父母对"性"的尴尬。孩子可能在一些公共场所口无遮拦地提到"性"，或者孩子会突然触摸、抓握父母的生殖器官，不顾及有没有其他人在场。比如有的小男孩或小女孩当众摸妈妈的乳房，有的小孩甚至还当众抓父亲的生殖器官。这个时候父母往往非常尴尬，尽管父母可能很生气，但是也不必要太过于指责孩子。因为孩子是不了解的，他不是故意让父母出丑，或者故意让父母尴尬。所以父母要注意到3 ～ 6岁孩子的这些特点，给孩子一些正确的引导。

孩子对"我是从哪里来的？"这类问题很感兴趣

在爱的原则上沟通"性"的话题

父母和孩子谈"性"，要建立在爱的原则上。具体来说，爱的原则包括以下几点。

原则一

父母自己对"性"要有正确的观念：认为"爱"和"性"是结合的，这是夫妻之间的事情，是隐私。告诉孩子没有必要在公共场所讨论和展示"性"；"性"是个人的事情，具有一定的隐私性。

原则二

无论孩子怎样来问父母，孩子都是无恶意的，他不是故意让父母尴尬。父母要引导孩子形成积极的性观念，这意味着应将性感觉和性冲动看作正常的而非可耻的。

有了爱的基本原则，父母就可以和孩子心平气和地沟通"性"这个话题。其实无论父母如何去跟孩子沟通"性"，孩子未必会配合。就像我们自己一样，第一次跟异性接触，比如第一次接吻，第一次跟异性单独在一起，这些肯定是不会告诉我们的父母的。

育儿智慧板　　父母应该在"性"的方面教育孩子，要做和孩子沟通"性"的第一人。因为父母可以告诉孩子，自己的道德标准是什么、自己对"性"的价值观。

即使孩子不告诉父母他的"第一次"，但是孩子是否能在自己情绪最难控制和冲动最强烈的时候，有他自己的判断，往往是以父母的道德标准作为参考的。如果父母的教育能够起到这样的效果就很好了，所以，无论以后发生什么样的事情，父母能够做的都是要成为和孩子谈"性"的第一人，而且是用科学、正确的方法和孩子谈"性"。

密码八

安全意识很重要

错误传递安全事件会导致孩子过度焦虑和紧张

在生活中，我们可以从各种信息途径知道现实中发生的一些幼儿安全事件，例如某幼儿园小孩吃苹果被噎住导致脑部缺氧，有母亲看手机没有注意给孩子洗澡的水温，结果烫伤了孩子，有孩子在经过旋转门的时候被门给卡住了，等等。这让父母很担心类似的事件会发生在自己孩子的身上，于是父母就急于向孩子说教，警告孩子不要这样、不要那样，否则会有多么危险，甚至直接吓唬孩子。父母重视安全事件是一件好事。父母和孩子沟通交流希望引起孩子的重视，防患于未然，这也是一件好事。但是父母需要使用正确的方式来告诉孩子。

我有一个来访者，她是一位3岁的小女孩。这个小女孩从9月份进入幼儿园到11月份，在这两个多月的时间里一直害怕坐校车。孩子上的幼儿园离家比较远，父母不方便接送，幼儿园有专门接送孩子的校车。可是孩子只要坐上校车，就又哭又闹，父母也没有什么办法，问孩子原因，孩子也说不出来，只说害怕。父母带着孩子去医院做各种检查，甚至连营养不良问题都排除了，结果还是没有找到害怕的根源。医生建议父母带孩子去看心理医生。女孩的妈妈把女孩带到我的咨询室，让我和孩子沟通。因为3岁的孩子正处在语言发展期，还不能够完全表达自己的内心。临床咨询师常使用的沟通方式是沙盘和画画。通过对孩子摆放的沙盘作品和绘画作品的分析，我发现了这样一种情况：女孩的姥姥在她上幼儿园之前，一直是她的主要看护者，因为孩子上幼儿园了，她的姥姥就回到老家去了；但是她的姥姥特别爱她，也特别关心她的安全和健康。孩子的姥姥从小经历了一些负面的事件，就是孩子姥姥3岁的时候有了一个继母，继母对她不好，所以她本身就非常缺乏安全感，有被害妄想的倾向，喜欢看各种关于安全事件的新闻，并喜欢将事件进行"反刍"（总担心这种坏事情会发生在自己和家人身上）。当姥姥要与自己带了这么久的外孙女分离，她感觉到痛苦和焦虑，表现为过分关心外孙女的安全问题。例如，姥姥看到一则负面新闻报道是关于学校校车里的孩子没有及时下车，造成这个孩子在车里被憋死的事故后非常地害怕，就不断地跟外孙女说："你一定要快点下来，你一定不要自己一个人待在校车上，要不然就会被憋死的……"姥姥这种负面信息的传递方式导致孩子产生了很深的恐惧感。这种恐惧感反映在孩子的行为上，就是拒绝坐校车或者一坐校车就大哭大闹。孩子的这种行为表现是她内心强烈恐惧感的投射，也是孩子姥姥不恰当地与孩子沟通安全事件的结果。在现实生活中，孩子的姥姥还是不能够认识到这个问题，还觉得自己做得很好，她在及时提醒外孙女注意安全，觉得这是自己爱孩子的一种表现。

还有一个案例是关于一位苦恼的妈妈的。这位妈妈说，孩子最近总说自己很害怕，尤其是晚上，抱着妈妈不放。妈妈问孩子害怕什么的时候，孩子总说害怕坏人，世界上有很多的坏人。后来妈妈了解到幼儿园最近正在进行安全教育，主题是防止走失。预防走失的教育方案中强调不要随便跟陌生人走，或者教授防范坏人的方法，例如攻击坏人的肚子和眼睛等。孩子其实很小，对社会的复杂性并不了解，所以在进行幼儿园教育的时候，老师可能在强调坏人的方面进行了夸张的表达，例如用一些大灰狼等凶猛的动物形象来表达。但是这些负面信息如果传递不正确，很可能让孩子内心产生恐惧感。恐惧感虽然也有保护孩子的作用，让孩子远离危险，但是恐惧感如果过度的话，孩子就可能产生心理阴影。

以上案例说明了正确地与孩子沟通安全事件很重要，一方面提醒孩子要注意类似的安全隐患，另一方面不要过度引起孩子紧张、焦虑的情绪。

父母共同关心的问题——孩子的安全

父母可能会关心孩子的方方面面，例如学习成绩、身高体重等，而最重视的方面还是安全和健康。有数据表明，全世界有2000多个18岁以下的儿童死亡。儿童死亡的诸多原因中排名第一的是"水"，占全部死亡原因的24%左右。由于

父母需要给孩子心理上的安全感

"水"的原因引起的儿童死亡主要是溺水死亡，例如游泳等。

　　排名第二的引起儿童意外死亡的原因是交通事故。比如孩子在乘车途中遇到车祸，或者在走路时遭遇交通意外。由于交通意外造成儿童死亡的比例高达14%。还有各种各样的事故，比如触电、高空坠落、噎食等，这些都是造成孩子死亡的安全隐患。有调查研究显示，如果看护者在看护孩子的时候使用手机，会让孩子发生意外安全事故的比例提高10%。

恐惧的心理本质

父母在与孩子交流传递安全事件的过程中，最怕出现像上面案例中的负面情绪的传递。负面、不科学地传递安全事件会引起孩子害怕、紧张、焦虑等情绪。这些情绪的本质是什么？又是怎样产生和怎样传递的？

害怕是什么？在人类的进化过程中，有人被蛇咬了，然后这个人就死亡了，那么其他人看到蛇以后就开始害怕，知道蛇是有毒的，会夺走人类的生命。由此可见，害怕是有保护功能的，害怕让人类远离危险，这就是害怕的保护功能。

从个体来说，我们在出生之后的最开始的时间里其实是不会害怕的，或者说我们不知道什么是害怕。关于个体的害怕是怎样形成的，在心理学上有一个非常有名的实验，叫阿尔波特实验。阿尔波特实验的实施者是华生（著名的行为主义心理学家）。华生把一个9个月大的孩子带到实验室，小孩的名字叫作阿尔波特，所以这个研究以阿尔波特来命名。当华生把这个孩子放在实验室里，然后给他一只白色的老鼠。刚开始这只老鼠对于阿尔波特来说是很新鲜和刺激的，所以他就伸手去摸这只小白鼠。与此同时，突然用金属在阿尔波特的身后敲打，发出巨大的响声。阿尔波特就捂住耳朵，倒向了一边，开始哭闹，出现负面情绪。然后重复这个实验，在多次将巨响和小白鼠联系起来之后，再出现白色老鼠的时候，阿尔波特就开始哭闹，并表现出害怕的情绪。随后害怕的对象泛化了，比如出现白色的毛衣、白色的毛绒玩具、小白兔，甚至包括圣诞老人的白色胡须，阿尔波特都会害怕，行为反应就是哭泣和逃避。这个经典实验就是从个体角度来研究人类的恐惧是怎么产生的。

从这个实验中可以看到，其实很多孩子出现的行为，都是经过大人的强化而产生的，比如父母觉得孩子面临危险的时候就会大声地叫："注意！危险！"其实孩子本来不知道去害怕这个事物，但是当看护者的高声喊叫伴随其中的时候，他开始习得这种恐惧感。当然，这在某个阶段或者在某种程度上是有保护作用的，可以暂时让孩子远离各种危险。

但在保护孩子远离危险的同时，孩子也会对其产生恐惧感，

这是与之同时产生的。

恐惧感的传递——暗示的作用

恐惧感是怎么传递的呢？在上一个案例中，姥姥告诉孩子，不要坐校车或者坐校车很危险。姥姥反复强调这件事其实就是一种暗示。在心理学关于暗示的研究中有一个很经典的实验（建议读者也来体验下面的实验）。

指导者发出指令："请大家随着我的指令做出反应。现在请大家闭上眼睛，然后不要去想白色的熊，我们会有1分钟的时间。好，请你什么也不要想，尤其是不要去想白色的熊。请大家开始。"

"好了，现在时间到，请睁开眼睛。请你告诉我，你有没有想到白色的熊？你想到了几次白色的熊？"这个实验非常有趣。绝大多数人都想到了白色的熊。其实在我们的日常生活中，白色的熊出现的概率是非常低的，可能在没有提示不要去想白色的熊之前，人们很正常地在1分钟、20分钟、30分钟，甚至很多天内，都不会想到白色的熊。但是为什么指导者要人们不去想白色的熊的时候，很多人反而会想到它，而且不止一次呢？这就是一种很经典的心理暗示。指导者暗示了人们要去想白色的熊，虽然提示的是"不要去想"，但是你已经接受暗示，会去想到白色的熊。这和小孩的姥姥告诉这个孩子"校车很危险"是一个道理。其实孩子上幼儿园之前是从没坐过校车的，她并不知道校车是危险的。正因为姥姥暗示校车是危险的，所以她才对从来没有经历过的乘坐校车产生了恐惧感。这就是恐惧感的一种传递方式。

正确传递安全事件，让孩子树立科学的安全意识

在知道恐惧感怎么产生和传递之后，我们如何跟孩子沟通这些关于安全的事件呢？我们应该根据孩子的年龄阶段采取不同的沟通方法。

3岁以下的孩子，语言正在发展过程中，孩子跟父母沟通起来可能比较困难。在父母占主要引导作用的阶段，父母要引导的应该由不要干什么（not to do），转变为应该怎么做（how to do）。比如有的孩子（1岁多）很愿意探索外部世界，当他看到插座孔，就愿意用手去捅插座孔。这个时候是很危险的，因为孩子会触电。这个时候父母也很着急，总是紧张地大声说："千万不要去碰那个插孔，危险！"还有父母经常警告孩子："不能玩火！""不能从床上跳下去！"当父母

说这个不能做、那个不能做的时候，父母可能发现孩子的行为会朝我们期待的另一端发展，就是父母越禁止孩子做什么事情的时候，孩子反而就偏要去做这个事情。为什么孩子会有这种逆反行为？因为他们觉得很好玩，他觉得当他做出这种行为的时候，父母的反应很强烈，父母就变成了他的一个"玩具"。孩子去捅那个插座孔的行为就是一个按钮，只要按下这个按钮，父母这个"玩具"就会叫一下。所以说，"禁止孩子做什么"的效果是不好的。父母可以变换一下方式，告诉孩子："这个插座孔，是专门留给电器宝宝的，是电器宝宝用的。"这样孩子看到父母很平静，而且知道了插孔是干什么的，也就失去了逗父母玩的乐趣。还有其他的正面引导，例如"这个椅子是我们吃饭坐的""这个桌子是放东西和写作业的"。父母只有正面地引导孩子，才能让孩子真正地远离危险源。

3~6岁的孩子，父母可以采用的方法是用读报纸加角色表演。负面的安全事件发生了，父母要用一种比较客观的方法把事件本身呈现给孩子，比如在说有小孩在校车上没有及时下车导致了窒息死亡的情形时，建议父母用一种非常冷静客观的语言。然后父母和孩子进行角色扮演，比如父母扮演被困在校车上的孩子，具体应该怎么做，有什么方法可以帮助到自己。父母甚至可以带着孩子去校车里看看，和孩子一起观察校车的结构，向孩子介绍被关在校车内时的逃生方法。现在幼儿园在安全教育方面做得越来越好，例如经常有消防演习、防震演习等。消防演习就是假装起火了，让孩子做逃生训练，比如用湿毛巾捂住鼻子，趴在地上爬出去；或者是躲在厕所，在有水源的地方保护自己。角色扮演的方式让孩子可以在模拟的场景中学习保护自己的方法。

除此之外，针对3～6岁的孩子，父母还可以教授一些科普知识。孩子可以通过科普活动来掌握知识，了解危险源的

让孩子增强自我保护的能力，同时又不会形成过度的恐惧心理

本质，以及如何去保护自己。

如果孩子更大一点，如在小学阶段（6 ~ 12岁），由于他们的认知发展得比较好，父母可以采用课题布置的方式让孩子收集资料，提供解决方案。比如关于"如何坐校车"，请孩子做一个方案，让他们自己去收集信息和资料。这样可以调动孩子们的积极性，从而更加深入地思考如何去保护自己。

从生下来的那一刻，孩子的安全一直都是父母最关心的事情。但是作为父母怎样利用安全事故教育孩子其实是需要一些方法和技巧的。

育儿智慧板

这些安全事故不是不能谈，而是要学会如何谈。只要父母教育得好，传递得好，沟通恰当，这些安全事件本身就是一种很好的素材。父母要传递的是爱和正能量，是对孩子发自内心的保护。父母希望孩子建立自己的安全意识，这就是父母在和孩子沟通安全事件时可以尽量采用的方法。

希望父母通过这些方法能够和孩子正常高效地沟通安全事件，从而让孩子有安全意识，做好自我保护。祝愿每个孩子都能平平安安、健健康康地成长。

密码九

正确看待孩子的表现

父母都很关心孩子的表现

作为父母，随着孩子越长越大，就会越来越关心孩子的表现。其实，这就是一个社会比较的过程，在孩子小的时候、还没有进入社会之前，父母是很少进行比较的，这个时候父母还很少使用到"别人家的孩子"这种词语。随着孩子进入幼儿园，越来越多地参与到社会生活中，父母就会不自觉地进行社会比较。父母们就开始关心："你们家的孩子说话都这么清楚了！""看看别人家的孩子都可以背诵好几首古诗了！""瞧，他们家的孩子都识字了！""那么小的孩子都能数到20了。"所以当孩子进入集体生活中时，父母就开始关心孩子的表现、开始进行社会比较了。

当孩子发展到中小学阶段，父母对孩子表现的关注就体现在成绩上了，尤其是对学习成绩的关注度很高。我们一起来看看这对母女之间关于期末考试成绩的对话。

女儿是小学三年级的学生，期末考试成绩出来了。

妈妈问："怎么样？成绩出来了吗？"

女儿说："嗯！"

妈妈问："多少分呢？"

女儿说："98分。"

妈妈问："什么98分？"

女儿："数学98分。"

妈妈："其他的科目呢，比如语文和英语？"

女儿："语文95分，英语良。"

妈妈："你们班最高分是多少？"

女儿："什么最高分？"

妈妈："数学、语文、英语的最高分？"

女儿："不太知道。"

妈妈："什么叫不太知道，知道就是知道，不知道就是不知道。你不说，我就问老师！"

女儿："听说数学有100分的，语文最高的99分，英语就是优加。"

妈妈："为什么你数学只考了98分，错在哪里？语文错在哪里？英语为什么不是优加？"

女儿："不想说。"

妈妈："你在回避问题，学习上要向高标准看齐，要想想自己这个学期的不足……"

当妈妈和女儿对话到这里的时候，我们可以感觉到女儿对妈妈的不耐烦，甚至反感。妈妈也觉得自己好心好意关心孩子的成绩，希望孩子百尺竿头更进一步，难道这有什么错吗？这样的交流让双方都有挫败感，都觉得很不舒服。

其实孩子在幼儿园阶段也会遇到这样的问题：今天谁回答了老师的问题？谁被老师表扬了？谁最棒？这些事情表面上还没有直接牵扯学习成绩，但是都是后期父母过度关心学习成绩的先兆。

父母没有不关心孩子成绩的，因为在这个现实的社会，大家都处于相互的竞争之中。父母都希望自己的孩子在激烈的竞争中能够有自己的优势，做到名列前茅，能够有好的社

会成就。所以父母对孩子的成绩都有着一定程度的焦虑，而
且这种焦虑从幼儿园开始就初现端倪。

帮助孩子正确看待学习
成绩

父母应正确地和孩子沟通成绩

父母如何和孩子讨论学习成绩？如何与低幼年龄的儿童沟通社会比较的问题？我的建议如下。

S 建议一

先学会接纳孩子的感受，高质量地和孩子进行一次关于成绩的沟通。老子有一句话说："无为而无不为。"面对期末拿着成绩单、奖状或者家园联系手册的孩子，父母先要管理好自己的情绪，也可以说是先管理好自己的嘴巴。

首先，少说话、多倾听。

父母可以先问问："考试情况怎么样啊？"或者不说话，和孩子一起看成绩单、奖状或者家园联系手册。这个时候孩子自己一般都会先说一些话。父母面带微笑听着就好。

记住微笑地倾听，因为微笑可以鼓励孩子表达。听听孩子对成绩的解释，听听他们"狡猾"地替自己说情。

其次，用最少的语气词回应孩子。

父母总觉得孩子不听自己的话，实际上孩子是非常重视父母对自己的评价的，所以父母反而要少评价，但是要积极地回应。积极回应包括：第一，看着孩子，不管他的成绩有多么糟糕，请深呼吸，平静地倾听。这个时候父母千万不要看手机、看电视或者做家务。第二，父母需要认真听，抓住细节去回应孩子。例如"我想听你举个例子，能不能详细地说说"，这样的回应就很好，而不要用"你是不是……你又开始……你应该……"等带有指责评价的语句。孩子们也会感受到父母是用心倾听的。倾听主要有三类，分别是破坏型倾听、冷漠型倾听和促进型倾听。不同倾听类型的反应模式是不一样的，从下面的案例中就可以体会到这三种类型的倾听。

案例

孩子说："妈妈，我们班95分以上、包括95分的有7个人，我就是95分的。"

破坏型倾听——"你是这7个人中的最后一名，第一名多少分？是谁？看看人家怎么学习的！"

冷漠型倾听——"好的。"一边说，一边玩手机。

促进型倾听——"是吗？这7个人是谁啊？他们是怎么做到的？你是怎么做到的？"

高质量的沟通关键在"听"。父母要努力做到"无为"，不去评价孩子，而是观察孩子、倾听孩子。只有这样才能"无不为"。

建议

引导孩子客观、公正地看待成绩。

许多父母会比较为难地问："我们仅仅倾听就可以了吗？我们不能问问题吗？我想知道孩子在学校的一个客观情况，怎么办？而且孩子不应该知道自己的真实水平吗？毕竟这个社会是一个充满竞争的社会。"怎样和孩子交流，才能让孩子面对自己的真实水平？尤其是孩子很小的时候，怎样让孩子意识到要向别人学习，要努力和勤奋？

心理学上有一个专业名词，叫作"社会比较"。有学者认为，人的痛苦就在于比较，例如，人比人，气死人；山外有山，人外有人。"比较"永远都没有尽头，永远没有让人满意的时候。

例如，父母和孩子这样交流：

父母："你考了多少分？"

孩子："100分。"

父母："是最高分吗？"

孩子："是全班最高分。"

父母："那是全年级最高分吗？"

孩子："可能是吧。"

父母："那是全海淀区最高分吗？"

孩子："可能是吧。"

父母："那是全北京市最高分吗？"

孩子都要哭了！

当然也有学者认为，人的幸福在于比较，例如，幸福就是：我饿了，看到别人手里拿着肉包子，那他就比我幸福；我冷了，看见别人穿了件厚棉袄，那他就比我幸福；所以还有这样的对话：

父母："成绩如何？"

孩子："80分。"

父母："在班上排第几？"

孩子："第30名。"

父母："感觉如何？"

孩子："还好，全班有31人，还有一个比我差。"

对于成绩，有的孩子倾向于和好的比较，有的孩子倾向于和差的比较。父母应该如何引导，才能让孩子比较客观、公正地看待学习成绩？一般来说，一个绝对的分数其实不能给出太多的信息，例如一个学生95分，我们能从这95分得出什么信息吗？事实是很少的。但是当我们知道全班最高分就是95分或者全班最低分是95分时，这个95分就能说明一些问题了。

所以，我们可以问孩子3个分数：

（1）自己的分数是多少？

（2）平均分是多少？

（3）最高分是多少？最低分是多少？总的学生人数是多少？

例如某孩子的分数是95分，平均分数是91分，最高分是98分，最低分是68分（最高和最低相差30分），学生总数是30人，那么30个孩子分布在30分内，分布相对分散，那么就可以比较客观地和孩子分析他在整个班级所处的情况。如果最高分和最低分相差10分，这30个孩子就分布在10分之内，比较密集，大家比较趋同。

以上的社会比较是横向比较，是与同龄人相比。在孩子的成长过程中，一般处于这种比较之中，从亲子班、幼儿园、小学、中学、大学到研究院，再到就业、晋升等。

另一个比较是孩子和自己比较，也是纵向的比较。横向的比较大部分时候都会带来压力，压力是两面性的，可以带来动力和喜悦，也能带来焦虑和痛苦。纵向的比较是比较自己学期中间的成绩，或比较自己上学期的成绩，甚至可以更加细微地比较自己这个学期和上个学期的字有什么不同、作文的篇幅和质量。和自己比较的结果往往是很愉快的，因为孩子总是在成长，尤其是低幼龄的孩子，进步是非常快的。例如孩子在小班就可以对比没有上幼儿园之前的情况，在小班可以自己吃饭、上厕所等；在中班又可以对比在小班的情况，可以独立看绘本、帮助父母做简单家务等；在大班又可以对比在中班的情况，可以识字、数数等。纵向对比需要父母做有心人，注意保留孩子每个阶段的成长印记，例如学期的成绩、试卷，甚至日记等资料。引导孩子和自己比较，看到自己的成长，最关键的是帮助孩子形成一种观念，即人是发展变化的，是在不断成长的，这次成绩只能代表一个阶段的成果，不是一成不变的。孩子能够在每次的期末领悟这个道理，可能比学习知识本身更加重要。

父母喜欢拿"别人家的孩子"比较自己的孩子

引导孩子学习积极归因方法

人类都倾向于解释遇到的事情。对事情的解释就是归因。简单来说就是：为什么会发生这样的事情？人们需要一个答案，需要一个原因。

面对孩子的学习成绩，孩子、父母都倾向于解释为什么会有这样的分数。经常听到两种倾向的解释：一种是题目很难、笔坏了、感冒生病了等，这是倾向于外部原因的；另一种是没有努力、学习方法不对等，这是倾向于内部原因的。我们可以看两个关于归因的表格。

归因理论

	暂　时	稳　定
内　因	努力、心情、疲劳	聪明、能力
外　因	幸运、机遇	环境障碍、任务难度

在这个基础上，积极心理学家提倡以积极归因的方式而不用消极归因的方式处理问题。

归因方式

		频率	性质	人格化
积极	好事	总是	一般	内部
	坏事	偶尔	特殊	外部
消极	好事	偶尔	特殊	外部
	坏事	总是	一般	内部

例如倒车剐蹭到其他车辆，这是一件坏事，积极和消极的人就有不同的归因。积极的人认为自己今天偷懒了，应该把车停到远一点的地方，那样就不会剐蹭了。积极的人归因里面提到的时间是暂时（今天）；事件上是停车这件事情本身，就事论事，不会扩大和泛化；原因是自己偷懒了，这是可以调整、修改的原因。消极的人认为自己总是那么倒霉，就是笨，所有的事情都不顺利。在消极的人的归因里面提到的时间是"总是"；事件上是"所有的事情"；原因是自己笨（与智力这种稳定的特质有关的）。所以长期习惯积极归因的人在面对坏事情的时候还有乐观的心态，努力去改变现状。

消极的人面对坏事情的时候是悲观的心态，没有动力去改变现状。

在好的事情上也存在积极归因和消极归因。例如中了彩票，积极的人和消极的人就有不同的归因。积极的人认为是自己人品好、事事顺利。消极的人认为自己只是这一次运气好，下次就不一定了。所以，即使是好的事情，积极的人会更加倾向于肯定自己构建自信，消极的人往往还担忧下次该怎么办。

育儿智慧板　　父母往往是孩子的榜样，因此，父母在进行归因的时候是会潜移默化地影响孩子的，所以父母要注意进行积极归因，从而影响孩子的归因方式。

正确看待自己、接纳自己的同时进行自我激励

　　掌握了引导孩子正确地归因、客观看待自己的成绩后，接下来我们就要引导孩子接纳自己的感受，可能有些失望、有些惊喜、有些遗憾，但没有关系，事情是发展变化的。而且父母可以引导孩子回忆整个过程，通过回忆过程中的自己做到了什么、怎么做到的，从而肯定自己、接纳自己，同时进行自我激励。

　　自我激励是精神层面的。这里提醒父母注意，不要解构了自我激励，例如，"儿子成绩这么好，你想要什么？玩具？去游乐场玩？还是什么？""孙子这么棒，买个手机奖励一下。"这样的激励瞬间就会把孩子的自我激励毁掉，让孩子的学习动机变成为了买新的手机等外部的物质激励。父母

要做的其实很简单，拥抱和微笑，对孩子发自内心地表达欣赏，告诉他们父母是多么高兴，这样就很好。父母要从精神层面鼓励孩子。

以上就是关于父母如何看待孩子的表现的分享，希望父母和孩子正确地进行成绩的自我比较，引导积极的归因方式，体验自我成功，形成积极的心理品质。

密码十

培养积极乐观的孩子

情绪低落是常见的情绪之一

一般来说，我们都觉得童年是无忧无虑的，父母也希望自己的孩子有一个快乐的童年。但是近年来，根据临床案例，发现有低落情绪的儿童的比例越来越高。有数据表明，美国宾夕法尼亚州的小学五、六年级学生中，有高抑郁情绪的儿童占比达到24%；到了初一、初二，这个比例上升到44%。总体来看，随着年龄的增长，儿童低落情绪占个人所有情绪的比例也越来越高，到青春期则达到一个高峰点。

随着社会压力的不断增大，情绪低落在成年人的生活中并不罕见，尤其是在风险压力大、工作时间不规律的行业中。普通人在人生的不同阶段也会有情绪低落的时候，例如女性容易在产后出现情绪低落。据不完全统计，产后出现情绪低落的比例高达70% ～ 80%。

　　有统计表明，青少年死亡原因中排第一位的就是自杀。冲动是导致青少年自杀的直接原因，长期伴随的低落情绪可能是更加根本的原因。孩子随着年龄越来越大，可能面临的社会竞争越来越激烈，产生低落情绪的可能性也越大。在类似的新闻报道中，有孩子因为开学前没有完成作业而跳楼自杀，有孩子因为期末考试的成绩不理想而采取自我伤害的方式，有孩子因为手机被父母没收而用极端的行为结束自己生命，等等。

　　人们的低落、焦虑、愤怒是常见的负面情绪，它们类似现代生理疾病里的"三高"（高血压、高血脂、高血糖）。孩子成绩一直很好的父母也有体会，如果某次成绩不理想，孩

儿童有负面情绪是正常的，但是长期处于情绪低落的状态对儿童身心健康不利

子的情绪就会很低落，父母更加担心；或者幼儿园的小朋友遭遇别人的排斥、孤立，自己很伤心，情绪不好，父母劝说也没有用，于是就担心孩子情绪低落的状态了。

孩子也会情绪低落

　　从学龄前到青春期，孩子都有可能出现情绪低落。需要指出的是，不是情绪低落就会患抑郁症，但是长期处于低落的情绪之中确实易患抑郁症。

　　前面提到美国宾夕法尼亚州的小学五、六年级学生有高抑郁情绪的儿童占比是24%。在中国的青少年中，情绪低落的比重也在逐年增加，而且对成年人的抑郁症研究发现：大多数患者的抑郁症的首发时间都是在青少年时期。

孩子情绪低落的表现

　　孩子情绪低落具体表现在：对人很冷淡，没有朋友，也不主动与他人交往；对事情没有积极性，消极回避学校的社会活动，有退缩的行为；学习上也比较困难，遇到难题不积极解决，对学习成绩也不在意，回避挑战，甚至不愿参加考试。情绪低落较严重的孩子还有自我伤害的行为，例如用针扎自己、用刀片割伤自己，甚至会出现自杀行为。当然这种极端的行为并不常见，大多数有低落情绪的孩子表现为对人不热情、睡眠不好、食欲不振、体重过轻，等等。

导致孩子情绪低落的原因

孩子的自我效能感与情绪低落高度相关。自我效能感是指自己对自己能做成某件事情的推测和信心，简单讲就是自己对自己能力的判断。那么对自己能力的判断和信心来自什么？答案就是——现实中的成就，例如学业成绩、运动技能等。也就是说，一个孩子如果在现实中取得他自己能够看到和对比出来的成绩，他的自我感觉就会越来越好，就会越来越有信心。但是如果孩子在现实的生活和学习中总是体验到失败，就很容易对自己评价过低，没有自信，从而导致情绪低落。

之所以反复强调"现实生活中"，是因为有案例表明孩子会在虚拟世界里寻找成就感，表现就是喜欢玩网络游戏。游戏中的积分和奖赏（如货币）等给孩子很大的满足感，但是这种感觉是短暂的，没有现实意义。孩子在现实中依旧没有支撑，只有反复投入虚拟世界才能找到这种成就感。

此外，孩子的自我效能感和老师的反馈、父母的归因方式也有关系。如果总是贬低、挖苦和讽刺孩子，孩子就得不到正面积极的鼓励，其自我效能感就会降低。父母对孩子的评价也是一样的，如果父母习惯把成功归因于运气等不可控制的因素，把失败归因于智力、能力等不能改变的因素，那么孩子从小习得的归因就是消极的，自我效能感也是较低的。孩子在面对困难的时候就容易产生低落、消极的情绪。

心理学家提出低落情绪的产生机制——习得性无助。具体的实验是通过给狗施加电击，电机会让狗很痛苦，狗在开始都会反抗，反复撞击笼门或者跳起来躲避电击。可是当狗无论怎样都不能摆脱电击的时候，绝大多数的狗就开始放弃了。接下来的实验中，通电刺激也好、不通电刺激也好，这些狗都不再做任何反应，甚至笼门没有上锁，只要轻轻一碰就可以逃脱出来，这些狗都毫无反应。这个实验说明，如果所有的反馈都是负面的，即使狗在开始积极、努力地躲避，但在一系列负面反馈之后，狗习得了这种无助的反应模式。

这种模式并不是一开始就有的，而是学习得到的，这就是习得性无助。在现实生活中，东南亚的某些地方饲养大象，大象在很小的时候就被用一根绳子拴在柱子上，而这根绳子是它摆脱不了的，但随着它的成长，这根绳子已经拴不住它了。然而大象已经习惯了这根对于它来说已经没有作用的绳子。所以我们有时候能在当地看到一个奇怪的现象，就是一头成年大象被一根细细的绳子拴着，而且每次都等着骑象人解开绳子才活动。这就是一个习得性无助的案例。

人类身上也存在这种现象，一个人在一系列失败之后很容易情绪低落。无论怎样努力，现实的结果给予他的反馈都是失败，那么这个人就很容易情绪低落，也会产生习得性无助。例如一个成年人到了中年突然在经济上遇到了困难，原本希望参加一些新技能的培训，重新找一份新工作。可是回到家里，妻子开始嫌弃他没有本事，把工作丢了；孩子也跟着看不起父亲，亲子关系也变差了；自己又感觉身体不适，经检查发现有恶性肿瘤，然后这个人就彻底绝望了。所以说人不是一开始就很轻易放弃努力的，只不过不断的负面反馈让这个人产生了习得性无助。

　　那么在儿童身上，尤其是3～6岁的儿童，处于自主性对内疚的心理冲突期。如果这个阶段孩子的自主性能够得到发展，将有利于孩子的自我构建。孩子在这个阶段喜欢模仿成年人的行为，如果得到了积极正面的反馈，孩子就会获得成就感。如果得到的反馈是负面的，例如"你不行，你不能这么做"，那么孩子就会产生低落的情绪，对自己产生怀疑，甚至内疚。

　　当然孩子产生低落情绪还有其他原因，包括社会、文化甚至物质引发的。我曾经有一个案例，来访者是一位忧虑的父亲，他担忧没有什么东西会让自己的孩子感到快乐。这位父亲从孩子出生之后就没有正式工作，一直在家陪伴孩子，精心呵护孩子的成长。现在这位父亲发现：孩子过生日，问她喜欢什么、需要什么的时候，这个小女孩竟然不知道自己要什么，没有渴望的玩具，没有渴望的衣服，也没有想去的地方。这一方面说明孩子日常就被极大地满足了，没有缺失感，另一方面就是孩子对什么都没有激情。孩子的父亲很担心，这样好吗？其实，这其中涉及很复杂的原因。随着社会的发展，物质的极大丰富反而让孩子越来越缺少快乐。

如何干预孩子的低落情绪

　　针对情绪低落产生的解决方法来看，第一个方法是帮助孩子提高自我效能感，具体来说就是帮助孩子获得现实生活、学习中的成就感。如果一个孩子的学习成绩不太好，就可以通过稳步提高学习成绩来建立信心，注意一定是将新的学习成绩和自己原来的成绩做比较。另外，可以发现这个孩子在其他方面的优势，例如他跑步等运动能力较强，就可以鼓励他在运动方面取得好的成绩，从而提升他的自我效能感；又例如孩子喜欢舞蹈，就给孩子创造机会在舞台上展示自己的舞姿，提高孩子的成就感。孩子擅长的方面和不擅长的方面都要在原有的基础上去发掘，不能因为不擅长某些方面就完全回避。完全的回避是一种退缩，会不利于孩子的自我效能感的提高，甚至还会形成一种逃避问题的行为反应模式。

第二个方法是父母调整归因方式，从消极归因到积极归因；教师的反馈也可以针对情绪低落的孩子进行积极鼓励教育。

第三个方法是可以采用各种各样的艺术手段来帮助情绪低落的孩子，例如利用音乐治疗缓解情绪低落的研究和实践已经很成熟了，舞蹈治疗也是最近对心理疾病进行治疗的有效方法之一。另外，绘画、书法等对调节情绪也有明显的效

积极乐观的儿童具有开朗的性格和抗挫折能力

果。运用艺术手段帮助情绪低落的儿童甚至成年人都是很有效果的。

第四个方法是进行专项干预。例如美国宾夕法尼亚州的干预研究，提出给孩子上一些专门设计的心理学的课程，可以提升孩子的"心理免疫力"，让原来高达24%的情绪低落孩子的比例下降到13%，两年之后，追踪接受了心理课程干预的学生（初一）抑郁情绪的比例是22%，表面上看，抑郁情绪比例反弹了，但是对比没有接受干预的孩子（对照组），对照组学生的抑郁情绪的比例为44%，高出了干预组一倍。

可见针对孩子的低落情绪，我们可以提供各种帮助。当然，如果被医疗机构诊断为抑郁症患者，则一定要按照医生的嘱咐服用药物，如果有条件，可以同时辅以心理咨询治疗。

作为父母来说，当孩子出现低落情绪时，父母的接纳、陪伴、支持很重要，而不是否定、回避、掩盖。愿每位父母都可以用我们的爱心培养出积极乐观的孩子。

感谢你阅读此书或者是此书的某些片段。我从2014年开始给父母们讲课的时候，只有很少的内容和材料，随着和父母们的深度交流，我发现并收获了更多的素材。于是我结合自己的育儿经验总结了10个主题，这些主题在家庭教育中的关注度都比较高，是父母普遍关心的问题。每个主题都从问题入手，进行心理学层面的分析，最后给父母一些建议。我的第二个孩子也出生于2014年，她叫萌萌，马上就7岁了。近七年的时间里，我在许多的父母培训中讲过其中的某些主题，并在不断地完善。感谢电子工业出版社，让这本书得以出版，得以展现在读者的面前。

也在这七年里，第二个孩子的成长过程让我复习了3～6岁孩子的抚育经历。所以，我要感谢我的两个孩子。谢谢你们的配合，这本书才得以诞生。谢谢你们让妈妈早上5点就可以安静地坐在书桌前开始写作。虽然有时候萌萌会揉着眼睛来找我，然后躺在我的怀中，我抱着她还可以思考和打字。虽然楚楚有时候（我的第一个孩子）还需要我在闹钟响了之后再去叫醒她，还需要我给她装好水壶后独自出门去学校上学。但是，孩子们，我一直都想对你们说一声："谢谢！"谢谢你们！谢谢你们给我成为妈妈的机会，谢谢你们让妈妈体验到养育孩子的酸甜苦辣，谢谢你们让我快乐并痛苦。谢谢楚楚的独立自主，谢谢萌萌的积极乐观。如果没有你们，就没有我的许多思考，更不会有这本书。同时，妈妈也请你们原谅，在你们的成长过程中，我也有很多做得不好甚至不对的地方。谢谢你们依然爱着这个不完美的我，并给我成长的机会。当然，我们每个人都不完美，所以也请读者们对书中的不足给予宽容和理解。如果你愿意给我建议，我将心怀无限感激并在此基础上不断地修改和提高。

记得希拉里曾经对她的女儿说过："我第一次做你的妈妈，你第一次做我的女儿，让我们彼此关照，共同成长！"所以，这本书是我研究心理学20多年的积累，也是我和我的两个孩子共同成长的成果。在这里，我将此书献给我的两个孩子——楚楚和萌萌，并且要告诉你们："我永远爱你们！"虽然，这份爱可能与别人的妈妈不一样。我不会给你们买糖果，不会给你们买漂亮的衣服和玩具，也给不了你们奢华的生活。我尽量在安全的环境下，让你们自己上下学，让你们穿别人的旧衣服，让你们粗茶淡饭，让你们尽量远离网络和电视。我没有以爱的名义来剥夺你们享受现代生活的机会，因为以后你们只要自己有能力，这些都是很容易实现的事情。更难的事情是你们能够拥有坚毅的品质，有对自己和家人的责任心，有吃苦耐劳的美德，有面对诱惑的自控力，有面对挫折并重新开始的勇气，有追求卓越生命并自我实现的能力。当然这些也并不是我想给予孩子，孩子就可以拥有的，只有她们自己在成长过程中不断积累、思考、体验才可能拥有。

　　最后，我用我最喜欢的纪伯伦的一首《先知》作为结束语，与亲爱的读者们共勉。

　　你的儿女，其实不是你的儿女。

　　他们是生命对于自身渴望而诞生的孩子。

　　他们借助你来到这世界，却非因你而来，

　　他们在你身旁，却并不属于你。

　　你可以给予他们的是你的爱，却不是你的想法，因为他们有自己的思想。

你可以庇护的是他们的身体，却不是他们的灵魂，

因为他们的灵魂属于明天，属于你做梦也无法到达的明天。

你可以拼尽全力，变得像他们一样，

却不要让他们变得和你一样，

因为生命不会后退，也不在过去停留。

你是弓，儿女是从你那里射出的箭。

弓箭手望着未来之路上的箭靶，

他用尽力气将你拉开，使他的箭射得又快又远。

怀着快乐的心情，在弓箭手的手中弯曲吧，

因为他爱一路飞翔的箭，也爱无比稳定的弓。